TU POTENCIAL MAGNÉTICO

TU POTENCIAL MAGNÉTICO

ROCHELLE FOX

EL SECRETO PARA MANIFESTAR
SALUD, RIQUEZA, AMOR Y FELICIDAD

AGUILAR

El papel utilizado para la impresión de este libro ha sido fabricado a partir de madera procedente de bosques y plantaciones gestionadas con los más altos estándares ambientales, garantizando una explotación de los recursos sostenible con el medio ambiente y beneficiosa para las personas.

Tu potencial magnético
El secreto para manifestar salud, riqueza, amor y felicidad

Título original: *Magnetic.*
The Secret to Manifesting Health, Wealth, Love & Happiness

Primera edición: junio, 2025

ISBN: 978-607-385-895-3

Impreso en México – *Printed in Mexico*

Que esto te permita soñar en grande una vez más

Siempre estás
apuntando a algo,
incluso cuando no apuntas
a nada. Siempre eres
magnético.

Índice

Introducción

PARTE 1:
El universo magnético

1. Hay más ... 29
2. Causa y efecto ... 35
3. Frecuencia y vibración ... 41

PARTE 2:
La mente magnética

4. La mente subconsciente ... 51
5. Influencias subconscientes ... 58
6. Cambiar los patrones ... 65
7. Conciencia ... 77
8. Imaginación ... 82
9. El filtro magnético ... 91
10. El sistema nervioso ... 101
11. La mentalidad magnética ... 108
12. Tu autoconcepto ... 120
13. Emociones ... 126
14. Tu historia magnética ... 139

PARTE 3:
La fórmula magnética

15. Decidir 157
16. Alinear 164
17. Rendirse 169
18. Personificar

PARTE 4:
Manifestar desde el ahora

19. El momento presente 181
20. No es lo que piensas 189
21. Cómo meditar 194
22. Las trampas de la mente 205

PARTE 5:
Cómo utilizar tu mente magnética

23. Cómo atraer el amor 213
24. Cómo atraer la felicidad 229
25. Cómo atraer el dinero 242
26. Cómo atraer la salud 257

El final 271
Agradecimientos 273
Notas 276

Introducción

No todos consiguen lo que desean, porque no todo el mundo conoce los secretos de la mente subconsciente. ¿Te imaginas pasar toda la vida pensando que no tenías poder, solo para darte cuenta de que siempre fuiste tú quien lo planeó todo?

Imagina lo que sería posible si dejaras atrás tus limitaciones percibidas y liberaras tu verdadero potencial.

¿Cómo se transformaría tu vida?

¿En quién te convertirías?

La verdad es: puedes ser quien tú quieras ser. A pesar de lo que te hayan dicho o de lo que creas, no estás estancado, roto o agobiado para siempre por el bagaje de tu pasado. Eres, y siempre has sido, magnético y poderoso más allá de las palabras. Pero tal vez todavía no lo creas.

Quizá no lo sabes, pero ya eres digno y capaz de cumplir los deseos de tu corazón, porque si algo está en tu corazón y en tu mente, está ahí por una razón.

Tus sueños no son pensamientos tontos ni sin sentido, son vistas previas de biografías potenciales y disponibles para ti… posibilidades en espera de que las personifiques y te transformes en quien estás destinado a ser.

La pregunta es: ¿cómo llegar ahí?

¿Cómo pasar de donde estás a donde deseas estar?

Este libro te dará las respuestas que buscas.

La mente consciente y la mente subconsciente

Según el profesor de Harvard Gerald Zaltman, 95 por ciento de todos los comportamientos, decisiones y pensamientos ocurren de forma inconsciente, impulsados por programas bajo nuestra conciencia, mientras que solo cinco por ciento de nuestra actividad mental es consciente.[1] Aunque el término "sub" en "subconsciente" puede hacer que suene menos importante, esa parte de ti en verdad tiene la clave para desbloquear tus poderes magnéticos internos.

En la vida, no logras lo que deseas de manera consciente; te alineas con lo que crees de forma subconsiente.

En otras palabras, te convertirás en lo que crees en tu mente subconsciente.

¿Te pasa esto?

- ¿Ves a otras personas con menos talento que tú obteniendo lo que deseas?
- ¿Sientes que estás destinado a más, pero no sabes cómo lograrlo?
- ¿Has oído hablar del poder de la mente subconsciente, pero no estás seguro de cómo funciona?
- ¿La idea de manifestar te parece delirante porque todavía no te ha funcionado?
- ¿Sientes que tu vida es limitada, monótona o sin inspiración?
- ¿Te encuentras sobrepensando, preocupándote y creyendo en la voz negativa dentro de tu cabeza?
- ¿Tienes sueños que llegan hasta el cielo, pero sientes que los miedos te bloquean y te frenan?
- ¿Estás clamando por más, listo para el cambio, tratando de encontrar el siguiente paso?

Si algo de eso te suena familiar, déjame asegurarte: no estás solo. *Yo pasé por eso.*

Permíteme presentarme

Mi nombre es Rochelle y soy maestra de meditación y desarrollo personal. A través de las enseñanzas que compartiré en este libro, pude transformarme de alguien que se identificaba como una chica con problemas mentales y trastorno de estrés postraumático, que luchaba contra la depresión, la ansiedad paralizante y un trastorno alimentario, a una mujer que ya no solo sobrevive, sino que de verdad prospera. Durante la última década, me he dedicado a transmitir la sabiduría y las herramientas que me sacaron de la oscuridad. A través de los programas de mi empresa Mindspo, mi app y retiros, he guiado a miles de personas a encontrar su luz y a liberar el poder de su mente. Deseo que sepas una cosa sobre mí: soy una animadora del éxito de otras personas. En serio, anhelo que triunfes en la vida y estoy aquí para ayudarte a lograrlo. Juntos, en este libro, descubriremos los secretos de tu mente subconsciente.

En este libro aprenderás:

- Qué es la mente subconsciente y cómo reprogramarla para crear los resultados que deseas obtener en la vida.
- Una comprensión de las leyes universales que transformarán tu manera de ver la realidad.
- Un proceso de manifestación simple en cuatro partes que puedes aplicar a tu vida.
- Una clase magistral de meditación sin rodeos que te enseñará cómo despejar el ruido de tu cabeza, desbloquear la paz interior y vivir con una presencia magnética.

- Las mentalidades exactas y necesarias para prepararte para triunfar en la vida.
- El poder de la identidad y cómo crear una película de visualización que te impulse hacia un futuro mejor, más alineado y consciente.
- Formas prácticas y cotidianas de usar tu mente magnética para atraer amor, dinero, salud, felicidad y éxito en la vida.
- Por último, una comprensión profunda de lo que te mantiene atrapado y un conjunto de herramientas de pasos prácticos, conocimientos y sabiduría que puedes usar para salir del estancamiento.

Existen muchos libros disponibles sobre el desarrollo personal, la manifestación y cómo hacer tus sueños realidad. Pero la mayoría carecen de los detalles necesarios para ayudarte a comprender el "código fuente" de la creación, también conocido como tu mente subconsciente.

Tienes la sabiduría dentro de ti para resolver tus problemas, ser tu héroe y empoderarte para hacer cambios duraderos.

Creo que tú eres la persona que has estado buscando y este libro está diseñado para ayudarte a conocerte (y, a partir de ese conocimiento, crear la persona en la que deseas convertirte).

A medida que tomes las enseñanzas de este libro y las apliques en tu vida, desafíate para cambiar tu identidad de alguien que está "tratando" de manifestarse y, en cambio, dar el paso hacia convertirte en un manifestador personificado por completo.

Considera estas páginas como el mapa que señala el camino hacia el desarrollo más elevado de tu vida.

El camino exacto que tomes depende de ti.

Tú eres el creador.

Tú eres magnético.

Mi historia magnética

Me gustaría decir que mi despertar espiritual fue una especie de aventura tipo comer-rezar-amar, pero la realidad está muy lejos de eso. No conocí a Dios en un ashram indio, no hubo pasta en Italia y, en definitiva, no tuve una aventura amorosa con un chico en Bali. Fue mucho más básico que eso. La verdad, la mayoría de las señales que nos hacen despertar son básicas, a pesar de lo que muestran nuestras películas favoritas.

Mi despertar espiritual ocurrió en el puf de tres plazas de mi novio que también era su lugar favorito para fumar marihuana y que yo había recuperado como mi nuevo espacio para desconectarme y mirar la pared. En retrospectiva, si me hubieras dicho que ese puf gigante y esponjoso (que ocupaba la mayor parte de nuestro estudio de 25 metros cuadrados) se convertiría en el lugar donde aprovecharía mis poderes magnéticos internos, habría pensado que estabas tan drogado como él solía estar.

Era 2012 y me estaba quedando sin opciones para "componerme". Los medicamentos que me recetó el doctor reaccionaron mal con un suplemento natural que ya tomaba... y me provocaron un episodio psicótico que casi me hizo saltar por la ventana de un tercer piso en Kings Cross, Sídney.

Hablar con mi terapeuta cognitivo conductual tampoco ayudaba... de manera dolorosa atravesábamos las profundidades de mi complejo pasado traumático.

Además, los hongos que investigué como tratamiento holístico y, luego, ordené en microdosis en la *dark web* nunca llegaron... y mis terrores nocturnos diarios y ataques de pánico semanales no mostraban señales de disminuir.

Ah, y para colmo, mis atracones se convirtieron en una verdadera bulimia, por lo que mirar de forma fija mi reflejo de porcelana se convirtió en un ritual diario. Durante el día, me distraía con las redes sociales, televisión y películas; por la noche, dulces, helados, chocolate y cualquier otro alimento cargado de azúcar que estimulara el placer y satisficiera mi ciclo de atracones y purgas.

Según mi definición: era un desastre. Hasta ese momento, lo había intentado todo sin ningún avance y, aunque el diagnóstico de trastorno de estrés postraumático por parte de mi terapeuta me dio esperanza porque podía definir mis problemas, la etiqueta "TEPT" se estaba volviendo cada vez más pesada.

Una noche, mi novio Chris llegó a casa con otro remedio para explorar, uno que nunca hubiera esperado escuchar de un racionalista devoto y ateo como él. Meditación.

"¿Meditación?", dije con un claro tono de duda en mi voz. En aquel momento, como la mayoría de las personas, estaba convencida de que la meditación solo era una cosa hippie "mística" y me preguntaba si su adicción al cannabis no se le habría subido a la cabeza para siempre. Claro, la respuesta a mis problemas no iba a venir de un ritual oriental marginal (eso pensaba en aquella época).

Descarté la idea y traté de cambiar de tema, pero él insistió y me explicó que la idea no era suya, sino de un amigo en común, Julian. Ese día, había pasado un tiempo con él y, al compartir las últimas noticias de nuestras luchas, sugirió que la meditación era una vía porque había escuchado que los soldados la estaban usando para superar los pensamientos suicidas del trastorno de estrés postraumático, relacionado con el combate.

Conocer la fuente de la sugerencia me llamó la atención porque Julian es una de esas personas que tiene una sabiduría que va más allá de su edad y siempre vale la pena escuchar sus consejos. Entonces, detuve mi escepticismo y decidí probarlo.

Días después, tras otro ciclo de atracones y purgas, estaba otra vez en el puf a punto de desconectarme y ver algunos videos de YouTube. En ese momento pensé "al diablo, voy a explorar esa cosa", así que escribí algo como "Meditación para soldados con TEPT" en la barra de búsqueda. Fue entonces cuando encontré un video que cambiaría el curso de mi vida para siempre.

El clip mostraba a un enorme soldado del ejército estadounidense, hablando en una especie de evento sobre, lo adivinaste, meditación. Jamás habría pensado que un tipo como él meditaba. Era alto, ancho y estaba condecorado con varias medallas del ejército.

En el video, habló de cómo había perdido a su amigo y hermano de armas por suicidio tras regresar a casa después de la guerra. El dolor en su voz me atravesó porque el suicidio era algo que yo había planeado muchas veces, y lo último que cualquier suicida quiere oír es la realidad de cómo esa decisión afecta a las personas que dejas atrás.

Luego compartió que él también quiso terminar con su vida, hasta que encontró... sip, la meditación.

Me conmovió mucho el coraje, la vulnerabilidad y la fuerza de ese hombre, no porque hubiera estado en la guerra o porque fuera enorme, sino porque hablaba de su salud mental y demonios internos (que también eran los míos) de forma pública y sin filtros.

Recuerdo que pensé: "Si puede funcionar para este tipo, entonces tal vez pueda funcionar para mí". En ese momento decidí intentarlo. Si estaba dispuesta a comprar hongos psicodélicos en internet, estaba dispuesta a probar cualquier cosa. Poco después de descubrir ese video, encontré un estudio de meditación de buena reputación en Sídney y me inscribí en un curso de tres días. Ahí me dieron mi mantra: me explicaron que era un "sonido mental" que sería mi vehículo para practicar la meditación y, en última instancia, mi camino hacia la paz interior.

Todo parecía muy extraño y estaba fuera de mi zona de confort. Mi mente estaba escéptica y llena de autosabotaje, pero también tenía un atisbo de esperanza.

Semanas más tarde, ahí estaba de nuevo, sentada en el puf con los ojos cerrados, pero esta vez repitiendo el mantra dentro de mi cabeza. Y entonces... de la nada, hubo un momento de silencio. Una sensación de calma y serenidad dentro de mi mente que no se parecía a nada de lo que había experimentado antes. Se mantuvo durante unos momentos y luego llegó una voz (pero no la voz habitual que me estaba destrozando), una voz más sabia, más inteligente, una voz que no usaba palabras. Fue más como un "saber", una sensación de conciencia, una comprensión de que "yo no soy mis pensamientos. Los pensamientos solo son cosas, y solo porque pienso algo, no lo hace verdad. Espera, ¿estoy pensando de nuevo? ¿Qué significa eso? ¿Quién o qué fue ese...?"

Regresa al mantra.

"¡Espera! ¡A la mierda con el mantra! Hay algo aquí... Si puedo observar mis pensamientos, entonces... ¿quién está observando? Si puedo observar la voz dentro de mi cabeza, entonces significa que... ¡Yo no soy la voz dentro de mi cabeza!"

En un instante, el hechizo se rompió. Estaba más allá de mis pensamientos.

A partir de esa meditación, la vida nunca volvió a ser la misma. Continué con la práctica y, poco a poco, empezaron a suceder grandes cambios. La ansiedad, la depresión, los terrores nocturnos y los ataques de pánico que plagaron mi vida durante años comenzaron a desvanecerse, dando paso a una nueva forma de ser.

Empecé a vivir, en vez de solo existir. Las reacciones emocionales inconscientes en cadena y el sobrepensamiento que solían conformar mi experiencia cotidiana ahora estaban a la luz, para que mi conciencia los observara. Empecé a notar una brecha, un pequeño retraso entre mis pensamientos y mis emociones, y finalmente las acciones que realizaría. Aunque la mente seguía recibiendo pensamientos todo el día, no necesitaba tomármelos tan en serio. Podía elegir qué pensamientos aceptar y cuáles dejar pasar.

Con esta mayor conciencia surgieron nuevas opciones. Elegí la curiosidad en lugar del juicio, el amor en lugar del miedo, el optimismo en lugar del pesimismo y la expansión en lugar de la contracción. Mi mente se abrió y comencé a devorar libros de desarrollo personal, documentales y material al respecto. Estaba tan asombrada por mi transformación mental que anhelaba descubrir más.

¿Es posible que todos seamos mucho más poderosos de lo que creemos? ¿Que no solo seamos víctimas de la aleatoriedad, sino que la mente sea magnética y que, al dirigir nuestros pensamientos, podamos crear nuestra realidad? Mientras me adentraba en la espiral, el tema de la manifestación seguía apareciendo. El concepto de que los pensamientos se convierten en cosas y que nuestro mundo exterior refleja el mundo interior.

Un par de años después, recuerdo de manera vívida el deseo de encontrar trabajo en la industria de la salud y el bienestar. En aquel momento, una de mis carreras profesionales era ser DJ en clubes (lo cual, aunque era divertido, empezaba a sentirse desalineado). Al conocer el poder de mi mente magnética, construí un tablero de visión que reflejaba mi yo elevado. El *collage* de recortes de revistas presentaba a yoguis, marcas conscientes y una imagen centrada de alguien que, según yo, había unido con éxito el mundo del entretenimiento y el bienestar: Oprah Winfrey.

Poco después, llegó un correo electrónico a mi bandeja de entrada titulado: "Una velada con Oprah". Pensé que sería algún tipo de correo promocional para la próxima gira de Oprah por Australia, pero estaba equivocada. A medida que lo leía, me di cuenta de que era una solicitud de presupuesto para actuar en una reunión VIP con Oprah, en Melbourne. Las ideas que había implantado en mi mente magnética habían cobrado vida de manera literal, de la forma más épica y, a la vez, extrañamente inexplicable.

Semanas después, volé a Melbourne para el evento. Me sentía muy emocionada de actuar ahí, pero en mi interior ese día era uno de los más bajos. Estaba atrapada en mis pensamientos, en un ciclo de culpar a todo y a todos (menos a mí misma) por mis luchas internas.

A pesar de todo mi progreso, algunos días mi crítica interna me seguía dominando; después de todo, la sanación no siempre es un proceso lineal. Aunque mi vida parecía increíble desde afuera, en el interior todavía había trabajo subconsciente por hacer. Pasaba días en los que me sentía segura y lista para conquistar el mundo, pero también había días en los que los traumas del pasado resurgían y las cosas se complicaban.

En esos días difíciles, prefería revolcarme en la autocompasión o estar superocupada para no tener tiempo de sentir. Si surgía un sentimiento, proyectaba mi frustración y dolor en los demás (culpando a mi novio, amigos y personas del pasado por mis problemas). Me veía como una marioneta, cuyos hilos eran movidos, como si estuviera atrapada en un bucle. No sabía que el día del evento de Oprah sería el último que estaría atrapada en lo que ahora reconozco como: el círculo vicioso de la mentalidad de víctima inconsciente.

Esa noche, Oprah dio un discurso privado. Recuerdo estar de pie a metros de ella, tras la mesa de DJ, mientras decía algo que cambió mi perspectiva para siempre. Eres responsable de la energía que llevas a la sala.

Entonces me cayó el veinte. Cada uno tiene el poder personal de dirigir su energía magnética; cada uno tiene la capacidad de atraer y repeler cosas, personas y lugares como imanes. No somos víctimas del pasado; más bien, somos los creadores conscientes de nuestro futuro, tanto de forma positiva como negativa. Podemos elegir qué energía llevamos a cualquier experiencia, y la elección siempre se hace en el momento presente porque el ahora es todo lo que tenemos.

Esta revelación me llevó a una misión para descubrir el poder de la mente subconsciente, el lugar donde se instalan los programas mentales inconscientes (las historias y los patrones responsables de todo lo que vemos en la superficie manifestada de nuestras vidas). Compartir esa comprensión (de que cada uno de nosotros es mucho más poderoso de lo que cree) se convirtió en parte de mi misión... y espero que todos podamos usar ese conocimiento para impulsarnos hacia un futuro mejor, más alineado y consciente. Cuando tomas conciencia de tus programas subconscientes, puedes editar el "código fuente" que está creando tu realidad y, con eso, crear la vida de tus sueños.

¿Qué es la mente magnética?

La mente magnética es tu mente. Es la fuerza creativa de la conciencia humana que ya reside dentro de ti.

Cualquier invento que imagines empezó como un pensamiento en la mente de alguien como tú. Alguien con un sueño, una idea o una chispa de inspiración que lo impulsó a preguntarse: "¿Qué pasaría si ?".

La mente magnética es donde viven los "qué pasaría si..." antes de que nazcan como "lo que es".

El pensamiento es la fuerza creativa suprema capaz de transformar el mundo y convertir lo invisible en visible: la ropa que usas, las páginas que pasas, la música que escuchas y las estructuras en las que vives. La mente magnética ha logrado hazañas increíbles, desde dominar el vuelo humano hasta curar enfermedades. Ha construido ciudades que llegan más allá de las nubes, tallado esculturas maravillosas en piedra, inventado la telepatía digital en forma de dispositivos...

La mente que creó todo esto es la misma que reside dentro de ti. Ese poder está a tu disposición y puedes aprovecharlo para diseñar y construir lo que desees.

Tu mente no es pasiva; sus poderes siempre están en movimiento y te dirigen, ya sea de manera consciente o subconsciente.

Tu mente magnética atrae eso en lo que se enfoca tu conciencia. Pero, así como un imán tiene dos polos, la mente también repele con la misma intensidad. Para utilizar tu mente magnética para crear más de lo que deseas y menos de lo que no deseas, necesitas entender cómo funciona, en particular la relación entre la mente consciente y la subconsciente.

Eres completo, poderoso e ilimitado, tal como eres. Pero quizá aún no te des cuenta del poder de tu mente magnética. La buena noticia es que ya tienes todo lo necesario para despertar ese poder dentro de ti... y este libro te mostrará cómo.

PARTE 1

El universo magnético

1. Hay más

En este universo no todo es lo que parece. Para el ojo inexperto, la realidad que nos rodea puede parecer fija y sólida. Lo que observamos parece lógico, físico y bastante sencillo: 1 + 1 = 2.

Desde esta percepción superficial (que comparten la mayoría de las personas que no se han interesado por la física o por la búsqueda de crear su realidad) parece poco probable, si no imposible, que exista algo como la manifestación o el reino de lo espiritual.

La lente a través de la cual vemos la realidad y sus propiedades establece los límites de lo que creemos posible para nosotros. Determina hasta dónde le permitiremos volar a nuestra imaginación, antes de pensar que somos delirantes y poco realistas.

Durante mucho tiempo, la visión de la realidad se ha basado en el modelo newtoniano de física, iniciado por Isaac Newton en el siglo XVII.

Se trata de un modelo predecible, regido por leyes precisas, según el cual los objetos materiales tienen propiedades definidas y se mantienen firmes en su lugar. La realidad parece fiable y predecible en este modelo, que proporciona una base sólida sobre la cual construimos nuestra idea del mundo y la percepción de cómo puede desarrollarse nuestra vida en él. Aunque segura y sólida, esta comprensión también es muy limitada y no deja mucho espacio para la imaginación, lo místico y lo extraordinario.

Al intentar describir la naturaleza de la realidad, las escuelas de pensamiento occidentales tienden a centrarse en reducir las posibilidades a hallazgos lógicos que sean aceptados con facilidad por la mayoría. En cambio, las antiguas filosofías orientales han hablado de una realidad mucho más grandiosa durante miles de años.

Las antiguas escrituras hindúes proponen un modelo de realidad en el que la conciencia es fundamental, en el que la mente humana es mucho más que un simple observador y está conectada de manera profunda con la forma en que se desarrolla la vida. Nuestra realidad material en esos textos es *maya*, que significa "ilusión", y se dice que la conciencia humana contiene el poder de influir en la realidad a través de su intención.

Un mundo como este, en el que la mente puede "influir" en la realidad a través de medios no físicos, fue considerado un pensamiento "mágico" por quienes apoyaban el modelo newtoniano de la física, es decir, hasta la introducción del modelo "cuántico" de la realidad.

"Cuida tus pensamientos, se convierten en tus palabras; cuida tus palabras, se convierten en tus acciones; cuida tus acciones, se convierten en tus hábitos; cuida tus hábitos, se convierten en tu carácter; cuida tu carácter, porque se convierte en tu destino."

—Lao Tzu

El modelo newtoniano explica gran parte del mundo que existe, mientras que el modelo cuántico de la realidad nos abre al mundo del "qué pasaría si..." y explora un universo multidimensional de potenciales y posibilidades infinitas.

El mundo cuántico no se puede entender en términos simples. Esta nueva era de la física desafía la lógica y obliga a la mente humana a expandirse hacia un lugar extraño donde no todo es lo que parece.

El extraño y maravilloso mundo de la física cuántica pone en tela de juicio el predecible modelo newtoniano de la física y pinta un panorama mucho más amplio de posibilidades.

Después de todo, vivimos en un universo donde lo micro crea lo macro, y todo lo que vemos (y no vemos) en su núcleo es solo una colección de energía.

El campo cuántico

Una de las teorías más hermosas derivadas de la exploración del mundo cuántico es la teoría cuántica de campos. En esencia, esa teoría explica la interconexión de la conciencia humana con todas las cosas.

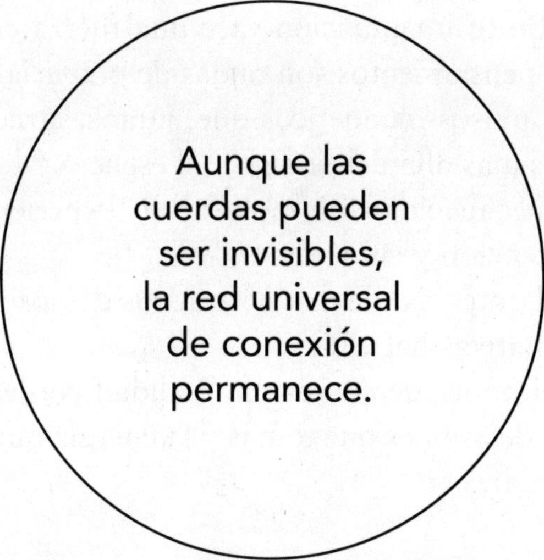

Durante miles de años, los textos espirituales y los gurús han proclamado que no estamos separados, sino que todos somos uno y que cada uno de nosotros desempeña un papel importante en el todo más grande.

La teoría cuántica de campos coincide con esa creencia, ya que comparte la idea de que un campo de energía invisible y unificado conecta todo y a todos. Ese campo de energía se extiende por nuestro mundo, hacia la galaxia y más allá del universo tal como lo conocemos, abarcando todo el tiempo y el espacio. El campo puede describirse como una fuerza vital omnipresente, llena de información ilimitada, que nos une a todos a través de hilos invisibles. Tú y yo, todos y todo, estamos conectados en lugar de desconectados. Somos uno en lugar de estar separados.

La teoría cuántica de campos acerca más que nunca la ciencia y la espiritualidad, como el yin y el yang. Lo que en un principio parecen escuelas de pensamiento opuestas describen la misma realidad, pero vistas desde una perspectiva diferente.

Tal vez seas un pequeño ser humano que gira en el espacio sobre una roca gigante en órbita, dudando de tus capacidades, pero eres mucho más poderoso de lo que crees. Tus pensamientos y sentimientos no son insignificantes, sino significativos. En tu imaginación yace una fuerza creativa e influyente, los pensamientos son ondas de potencial y los sentimientos son pulsos magnéticos que, juntos, atraen y repelen posibilidades más allá del tiempo y el espacio.

Tienes la capacidad de moldear tu experiencia usando atención, intención y emoción.

Tienes el potencial de magnetizar tus deseos y atraer biografías alternativas hacia ti.

Tienes el poder de cocrear tu realidad con el universo a través de las decisiones que tomas y la energía que emites y te permites recibir.

La vida puede ser difícil o fácil, tu mente la hace así.

- Puedes verte como un ser maldito o puedes esperar tener suerte.
- Puedes centrarte en lo que te falta o puedes reconocer la abundancia que te rodea.
- Puedes percibir tus reveses como fracasos o puedes verlos como una retroalimentación invaluable.

En el mundo cuántico, tu vida no está limitada ni es fija… y tu pasado no determina tu futuro. Todas las realidades posibles existen a partir de este momento. El momento presente es donde encuentras tu poder.

> La mayoría de las personas viven una vida de límites en un universo de posibilidades cuánticas.

Recordatorios magnéticos

- La forma en que percibimos la realidad influye de manera directa en los límites de lo que creemos posible para nosotros.

- El modelo cuántico de la realidad revela un mundo rico en posibilidades, mucho más allá de las limitaciones del pensamiento occidental tradicional.
- Al ampliar nuestra visión de la realidad, nos abrimos al mundo del "qué pasaría si…".
- La teoría cuántica de campos nos muestra la profunda interconexión entre la conciencia humana y todo lo que nos rodea.
- En el reino cuántico, todas las realidades y resultados posibles existen a la vez.
- Puedes dar forma a la realidad que experimentas utilizando tus emociones y el poder de tu intención y tu atención.

2. Causa y efecto

¿Alguna vez te has preguntado por qué algunas personas tienen éxito y otras no? ¿Por qué dos personas de la misma familia pueden llevar vidas tan diferentes? A pesar de tener la misma educación, uno se convierte en millonario por mérito propio, mientras el otro lucha por llegar a fin de mes.

Esto se puede explicar por la ley de causa y efecto: todo lo que creas puede describirse como un efecto, para cada efecto hay una causa y viceversa.

Esta ley está siempre presente y nunca flaquea. Otra forma de describirla es con el dicho clásico: "Cosechas lo que siembras". O, como lo describió el gran científico Isaac Newton, a cada acción corresponde con una reacción igual y opuesta.

Esta ley existe, al igual que la gravedad. Es una característica fundamental de nuestro universo, así que, por favor, lee este capítulo con total atención.

Cada efecto de la vida tiene un conjunto de causas que explican su creación.

- Hay causas de felicidad y causas de tristeza.
- Hay causas de riqueza y causas de escasez.
- Hay causas de éxito y causas de fracaso.

No hay efectos sin causas, ni causas sin efectos.

Un efecto es un acontecimiento, un resultado o un cambio en algo. Una causa es una condición o acción que conduce a un efecto.

- El efecto de desarrollar músculos se produce al desgarrar las fibras mediante el entrenamiento de fuerza.
- El efecto de que el agua se convierta en hielo se produce cuando la temperatura desciende bajo cero grados.
- El efecto de una sonrisa genuina se produce por los sentimientos de felicidad creados por los pensamientos positivos.
- El efecto de publicar un libro se produce al dominar un tema y desarrollar el hábito de escribir.
- El efecto de crecer tus redes sociales se produce al crear contenido y darte a conocer.

Comprender la ley de causa y efecto permite que tu mente magnética conecte los puntos que explican por qué las cosas son como son. Ese conocimiento puede servir como un sistema de guía, alineándote de manera más estrecha con el camino elegido y ayudándote a liberar el poder de la conciencia para cambiar tus circunstancias.

Imagina que estás buscando un lugar para estacionarte en la ciudad; después de un rato, decides arriesgarte y dejar el auto en un lugar prohibido. Mientras estás sentado en un café cercano, te sientes incómodo, obligado a regresar y mover tu auto a otro lugar.

Este impulso de actuar existe porque sabes que estás infringiendo una ley de tránsito. Esta fuerza está incorporada en tu interior y te empuja a modificar tu comportamiento.

Del mismo modo que aprendiste a poner atención y dar mayor importancia a no violar las leyes terrenales (como las normas de estacionamiento), necesitas tomar conciencia y poner atención a las leyes universales. Al reconocer la verdad de la ley de causa y efecto, te darás cuenta de que estás ajustando tus pensamientos, sentimientos, palabras y acciones de forma natural. Son esos ajustes (que con frecuencia son pequeños cambios) los que de manera inconsciente te mantienen avanzando en la dirección de la visión que elegiste.

Las pequeñas cosas son en realidad las grandes y el trabajo siempre se realiza aquí y ahora.

Pregúntate: ¿qué efectos deseas crear en tu vida?

Trabaja al revés para encontrar las causas que los crearán.

Elige ser poderoso

Tal vez piensas: "¿Estás diciendo que soy responsable de cada cosa horrible que sucedió o está sucediendo en mi vida?".

La respuesta es: "No, no eres responsable de cada causa y efecto que ha ocurrido en tu vida".

Tal vez te afecten causas en las que no participaste de forma directa. Hay muchos ejemplos de eso. No eres la causa de que salga elegido un partido político por el que no votaste, ni el efecto de que te despidan debido al estado actual de la economía.

Quizá no seas la causa directa de los efectos que se producen, pero sí tienes control sobre cuánto y de qué manera decides que te afecten esas circunstancias.

Hay personas que permiten que las circunstancias las aplasten y otras que las ignoran y se rebelan. Someterse a la mentalidad de víctima y quejarse, aunque parezca una salida superfácil, dará como resultado una sensación de impotencia. Elegir ser poderoso y proactivo dará como resultado que te empoderes y puedas hacer cambios activos.

Hay quienes lo hacen y quienes no.

- Los que empiezan y los que nunca lo hacen.
- Los que siguen intentándolo y los que se dan por vencidos.
- Los que estudian y los que posponen.

- Los que nunca se conforman y los que sí lo hacen.
- Los que perdonan y los que nunca dejan ir.

Lo que eliges ser y hacer crea el efecto de quién eres y en qué se convertirá tu vida.

Tu vida, tu tierra

Otra forma de entender la causa y efecto es considerar tu vida como una parcela de tierra. Imagina que tu vida representa una vasta superficie bajo tu cuidado. Esa parcela se puede transformar en un jardín fértil, que dé los frutos y las flores que plantes en ella. Pero si nunca siembras semillas o no cuidas lo que plantas, tu tierra no dará frutos ni flores. El efecto de una tierra baldía, sin nada que cosechar, se debe a que descuidas la tierra que te corresponde cuidar.

Tu tierra es tu vida, tu vida es tu jardín. Tienes la oportunidad de crear una hermosa cosecha, un jardín diseñado a tu gusto y a tu manera.

Todo lo que necesitas está a tu disposición.

Para crear tu jardín, debes identificar y actuar para crear las causas que se conviertan en los efectos deseados.

El subconsciente en acción

Cuando analizamos la vida y vemos lo que dio frutos o no, la causa suele estar en nuestros programas subconscientes, que a su vez crean los efectos de nuestros pensamientos, sentimientos y acciones dominantes.

Por ejemplo, no nos hacemos ricos solo queriendo ser ricos, como tampoco nos calentamos mirando una chimenea y deseando que produzca calor. Primero hay que encontrar la leña, luego encender el cerillo (o encontrar una solución alternativa) y entonces el efecto será el calor.

Efectos comunes y sus causas

Si tienes un negocio o un talento que nadie conoce y deseas cambiarlo, puedes empezar por identificar las causas del éxito de otras personas en el mismo ámbito que tú.

Quizá descubras que esas personas son reconocidas y buscadas porque sus acciones educan, entretienen o inspiran a otros. Si inviertes tiempo en las mismas actividades, pronto descubrirás que solicitan tus talentos y tu negocio.

Supongamos que sientes que tu salud podría ser mejor, hay muchas causas que pueden identificarse con facilidad si observas a otros que han logrado lo que tú deseas.

Las personas que gozan de una buena salud física y mental suelen tener hábitos positivos arraigados en su vida diaria. Han hecho de la salud una prioridad y una inversión no negociable de su tiempo.

El simple hecho de cambiar tu identidad de alguien que "está tratando de estar sano" a alguien que se considera "consciente de su salud" genera un cambio en tu trayectoria de salud que te acerque al efecto deseado de estar sano.

Un atajo para llegar a donde deseas en la vida es preguntarte: ¿qué causas crean el efecto de la vida que deseo?

Todo lo que esté alineado con el verdadero deseo de tu corazón puede ser tuyo, si solo identificas las causas que conducen al resultado que elegiste y, después, tomas medidas alineadas.

Vuélvete curioso e introspectivo, busca ejemplos de personas que tengan lo que tú deseas y estudia las causas que han instalado en su vida para crear los efectos que deseas traer a la tuya. Una vez que comiences a rodearte de más de aquello a lo que aspiras, tu mente magnética se pondrá a trabajar para convertirlo en realidad para ti.

Recordatorios magnéticos

- La ley de causa y efecto enseña que cada efecto tiene una causa y cada causa crea un efecto.
- Con frecuencia, tus programas subconscientes sirven como la causa subyacente de muchos de los efectos en tu vida, dando forma a tus pensamientos, sentimientos y acciones dominantes.
- Aunque es posible que no controles todas las causas detrás de los eventos en tu vida, sí tienes poder sobre cómo respondes a las circunstancias y cómo te ves afectado por ellas.
- Al identificar las causas que conducen a la vida que deseas, te empoderas para hacer cambios que produzcan los resultados deseados.

3. Frecuencia y vibración

La energía está en todas partes, está a nuestro alrededor, incluso somos nosotros. Pero los ojos humanos no pueden ver esa energía.

Pero el hecho de que no podamos ver algo no significa que no exista. Para hacer visible lo invisible, debemos visualizar con el ojo de nuestra mente lo que "podría ser", usando la imaginación para entrar en el mundo del "qué pasaría si...".

Me gustaría compartir contigo mi interpretación personal de la energía, la frecuencia y la vibración, y cómo juegan un papel en atraer y repeler cosas en tu vida.

Imagínate esto...

Visualiza que a tu alrededor, en este momento, hay una burbuja de luz. Esa esfera brillante envuelve todo tu cuerpo y crea un aura translúcida de energía pura que siempre te rodea. Aunque no es perceptible para el ojo humano, esta aura es muy real, tan real que otras personas, animales y el mundo en general pueden sentirla.

> El universo material crea todo lo que puedes ver usando vibración, frecuencia y energía.

Esta aura contiene en su interior un poderoso campo magnético que, como cualquier imán, atrae y repele.

Algunas auras tienen campos magnéticos más fuertes y otras más débiles. Algunas están llenas de amor, otras se aferran al miedo.

La calidad del aura refleja tu estado mental predominante. Este campo áurico funciona de manera muy similar a una estación de radio, que transmite y recibe frecuencias invisibles. No es una parte pasiva de ti, sino una fuerza dinámica a través de la cual tienes el poder de expresar tu influencia vibratoria.

No eres solo un receptor o un espectador pasivo en esta vida, sino un transmisor de energía y el cocreador de tu experiencia. Todos los días, el campo magnético dentro de tu aura personal se comunica con el campo cuántico mayor, para generar encuentros, circunstancias y experiencias que reflejan la calidad de tu señal.

Esa señal está determinada por la forma en que piensas y sientes, momento a momento. Pero la mayoría de las veces, la energía que envías y recibes no es una elección consciente de lo que te hace sentir bien y agradable, sino que suele ser un canal inconsciente determinado por los programas que se ejecutan en tu mente subconsciente.

Vibración antes de la manifestación

Tus programas subconscientes influyen en los pensamientos, sentimientos y comportamientos, que luego determinan tu frecuencia predominante.

- Cuando tu subconsciente esté ejecutando el programa del miedo, te mantendrás en sintonía con la frecuencia del miedo.
- Cuando tu subconsciente esté programado para el amor, te sintonizarás de forma natural con la frecuencia del amor.

La frecuencia predominante es la acumulación de tus pensamientos y sentimientos más repetidos. Por lo tanto, si deseas elevar tu vibración y cambiar el "canal" de tu vida, lo haces cambiando tu mundo interior, lo cual se logra reprogramando tu mente subconsciente.

Cuando se trata de la práctica de la manifestación, no manifiestas lo que deseas, manifiestas lo que eres.

Una lección clave que debes entender: la vibración precede a la manifestación. Primero tienes que cambiar tu vibración. En la práctica de la manifestación consciente, no esperas a que lleguen tus deseos para sentirte exitoso, feliz o abundante. En cambio, la manifestación consciente es la práctica de pensar y sentir como si ya hubieras recibido tus deseos, permitiéndote personificar la sensación de éxito, felicidad y abundancia en el ahora. Al hacer eso, cambias tu frecuencia para resonar con la versión de ti que ya posee tus deseos y, como resultado, cambias a la versión elevada de ti en el campo cuántico.

Permanece abierto a recibir

Imagina que tuvieras una radio que no recibiera ninguna señal. Sería bastante inútil, ¿no? Pero muchas personas viven así: deambulan deseando, esperando y queriendo entrar en contacto con una nueva vibración, una nueva forma de vida, mientras rechazan de manera inconsciente las oportunidades que les ofrece el universo para hacer eso.

Como receptor y transmisor de energía, tienes el poder no solo de captar y enviar señales, también de recibirlas. Pero primero debes estar abierto a aceptar lo que se te presente.

Aquí es donde entra en juego la práctica empoderadora de ser un buen receptor. Ser un buen receptor se puede practicar de varias maneras: desde aceptar con amabilidad los cumplidos hasta recibir ayuda cuando te la ofrecen o solo estar abierto a considerar nuevas perspectivas.

Estás en una danza constante con el universo y, cuando te tiende una mano, depende de ti dar un paso adelante y aprovechar la oportunidad, de lo contrario, corres el riesgo de perder la oportunidad de bailar el tango con tu destino deseado.

Recibir abundancia

Durante muchos años, en mi trayectoria empresarial, rechacé el dinero. Para mi subconsciente, el dinero significaba tener que hacer cálculos y papeleo, lidiar con las expectativas de los clientes y, lo peor de todo, sentir vergüenza por tener dinero cuando otros pasaban apuros.

En pocas palabras, me programé para rechazar el dinero porque lo asociaba con resultados negativos. Para cambiar esa asociación, trabajé en reprogramar mi mente subconsciente utilizando varias técnicas.

- Reprogramación subliminal: reproducir afirmaciones positivas justo por debajo del nivel de percepción consciente.
- TLE (técnica de liberación emocional o EFT por sus siglas en inglés): tocar puntos meridianos específicos mientras te concentras en una emoción o creencia incómoda.
- Películas de visualización: son presentaciones de diapositivas de la realidad deseada con música que provoca emociones y afirmaciones positivas.
- Visualización: crear imágenes mentales de eventos futuros.

Estos métodos transformaron mi comprensión de lo que significa el dinero para mí. Ahora, recibir dinero simboliza oportunidades, libertad y emoción, que recibo con los brazos abiertos.

Si rechazas algo que deseas recibir, pregúntate qué significados más profundos asocias con las cosas que rechazas. Como siempre, las respuestas se encuentran en los programas que se ejecutan en tu mente subconsciente.

Elige tus pensamientos, elige tu vibración

Imagina cuánto más poderoso serías si pudieras elegir de manera consciente los pensamientos que te sirven y rechazar los que no. Esa habilidad es más accesible de lo que crees, gracias a las muchas ventajas de convertirte en un meditador habitual.

Cada pensamiento que albergas lleva una energía y una vibración específicas. Los pensamientos de alegría, amor, paz o aceptación vibran a una frecuencia más alta, mientras que los patrones de pensamiento de vergüenza, ira, juicio y culpa vibran a una frecuencia más baja.

Antes de descubrir la meditación, sentía que tenía poco poder sobre la frecuencia de mis pensamientos, como si una radio caótica en mi cabeza cambiara de canal sin mi consentimiento. Como meditadora, obtuve acceso al dial de mi mente magnética, lo que me permite elegir mis pensamientos, momento a momento. Cuanto más entrenas tu conciencia, más poder tienes sobre tus pensamientos, lo que te permite acceder de forma consciente a la vibración que deseas experimentar.

La vibración puede ser contagiosa

En pocas palabras, las personas, los lugares y la información a los que te expones son importantes e influyen en tu vibración de manera profunda.

- ¿Alguna vez entraste en una sala llena de gente y al instante sentiste una vibración extraña, como si hubiera algo en el aire?
- ¿Eres cercano a alguien que todo el tiempo chismorrea y juzga a la gente y, después de hablar con esa persona, siempre te sientes un poco desanimado?
- ¿Sigues a alguien en línea que siempre te hace sonreír cuando ves sus actualizaciones?

Esos ejemplos indican la forma en que la energía de una persona puede ser contagiosa. Pero lo mismo ocurre con el entorno que nos rodea.

Si te encuentras en algún lugar escuchando música caótica y a todo volumen con letras poco vibrantes, es probable que salgas sintiéndote menos alineado que si estuvieras en una habitación escuchando música clásica o estimulante.

Si pasas todo el día trabajando en una habitación oscura sin ventanas, quizá te sentirás menos inspirado que si estuvieras trabajando junto a una ventana con vista a los árboles.

Si deseas "elevar tu vibración", otra cosa que puedes hacer (además de trabajar en tu mente subconsciente) es ser más consciente de las influencias externas que permites que entren en tu entorno y en tu psique.

Dedica tiempo a encontrar tu entorno ideal. Cada persona es única y todos resonamos con cosas diferentes. ¿Dónde te sientes "más alineado" y "magnético"? ¿Qué lugares y espacios te ayudan a encontrar inspiración y fluidez?

Para obtener más claridad, pregúntate: ¿dónde pasaría su tiempo la versión elevada de mí mismo y con quién lo pasaría? En nuestro mundo moderno, esa pregunta no solo se aplica al entorno físico, también al digital.

Entre más te rodees de la energía con la que deseas alinearte, más te influirá.

Recordatorios magnéticos

- Cada persona, lugar y cosa emite una vibración en una frecuencia específica.
- Tu vibración atrae encuentros, circunstancias y experiencias que resuenan con su frecuencia en tu vida, mientras que repele las que no lo hacen.
- La vibración precede a la manifestación, no atraes lo que deseas, sino quién eres en tu interior.
- Eres a la vez transmisor y receptor de energía.
- La vibración que emites es el resultado de tus pensamientos y sentimientos predominantes, que con frecuencia son determinados por los programas que se ejecutan en tu mente subconsciente.
- Elevar tu vibración implica reconfigurar los bloqueos subconscientes y cambiar tu frecuencia para que resuene con la versión de ti que ya está viviendo la vida que deseas.

- La vibración es contagiosa, así que ten en cuenta las influencias externas que permites que entren en tu entorno y en tu mente magnética.

PARTE 2

La mente magnética

4. La mente subconsciente

De niña, uno de mis juegos favoritos era el de carreras de coches Mario Kart, de Nintendo 64. Cuando era niña en los 90, en términos de popularidad, *Mario Kart* era el equivalente a las redes sociales para los millennials. Era el mejor juego, en la mejor consola y todo aquel que se preciaba de ser alguien lo jugaba.

En el juego, elegías un personaje que actuaba como tu identidad. Cada personaje era único, con su estilo, frases ingeniosas, ventajas y peculiaridades. Estaba Mario, el plomero italiano descarado que decía de manera constante "¡Mamma mia!". Para las chicas más femeninas, estaba la elegante Princesa, y para los más alfa, estaba el musculoso Donkey Kong que lanzaba plátanos. Mi personaje favorito era Yoshi, un dinosaurio verde modesto, nada amenazante y de estilo zen.

A la pequeña Rochelle le encantaba ese juego; y en mi mundo (que incluía a mis cuatro primos) yo era la campeona. Siempre les ganaba a todos y mantenía un récord histórico. Mario Kart era mi mundo... hasta que un día, después de años de jugar y ganar más veces de las que podía contar, algo dentro de mí cambió. El juego se volvió demasiado cómodo para mí, era demasiado fácil y, me atrevo a decir, se estaba volviendo un poco aburrido.

Un nuevo sueño tomó forma en mi joven mente magnética. Deseaba más de la versión de Mario Kart de la realidad. Soñaba con conducir hasta el océano para explorar el mundo submarino. Anhelaba lanzar el pequeño kart de Yoshi por las montañas para ver más allá del horizonte. Pero, sobre todo, quería entrar en el mágico y misterioso castillo.

Ansiosa por descubrir más, la pequeña Rochelle hizo algo que nunca había hecho antes: abandonó la carrera, se salió de la pista e intentó explorar más allá de las limitaciones preprogramadas del juego.

Solo había un problema: el juego no lo permitía. Por más botones que apretara, atajos que probara o trucos que encontrara, no podía traspasar las barreras invisibles del universo Nintendo.

Lo intenté una y otra vez, pero siempre que alcanzaba los límites del código y me salía de los límites, el juego me teletransportaba de nuevo a la pista y regresaba a mi personaje al mundo programado que ya conocía tan bien. Cada vez que intentaba ampliar los horizontes, me topaba con un muro invisible que me bloqueaba y me obligaba a volver a lo familiar.

Al final, desanimada y decepcionada por la imaginación limitada de los desarrolladores del juego de Nintendo, tiré la toalla y me resigné a los caminos ya recorridos. Pero a partir de ese día, el juego nunca volvió a ser el mismo, porque no podía quitarme la sensación de que restringía de manera intencional lo que era posible.

Mi experiencia final de derrota en Mario Kart es una metáfora de cómo la mayoría de las personas (yo incluida) terminan sintiéndose acerca de sus vidas, antes de entender cómo funciona en realidad el juego de la vida.

La mayoría nos sentimos estancados, controlados y atrapados en nuestros propios cuerpos y mentes. Estancados en la carrera de ratas de la realidad, luchando por ganar en caminos ya abarrotados. Viajando por un camino predecible, atrapados dentro de las líneas.

Hasta que un día, comienzas a preguntarte: ¿y si hay algo más?

En general, en ese momento das un giro y tratas de hacer un cambio. Pero, con muchísima frecuencia, cuando te esfuerzas más allá de lo que sabes, un campo de fuerza invisible, casi como un muro, te impide hacer un progreso significativo.

La GRAN diferencia es que, contrario a un videojuego, donde no puedes reescribir el programa para que coincida con tu imaginación, cuando se trata de tu vida sí tienes control sobre el código.

Eres quien crees que eres. La pregunta es, ¿quién eres y en quién te convertirás?

El juego de la vida

Aunque estés atrapado dentro de los límites de la mente, también eres quien establece los límites. Eres el codificador de tu realidad: el que elige la visión del mundo, el diseñador de los sueños y el creador del futuro. No eres una víctima de la vida y no necesitas aceptar los límites de tu programación actual. Tienes el poder de reescribir el código fuente que determina tu experiencia de la realidad. Puedes tener, hacer y ser todo lo que deseas… y la mejor noticia es que todo comienza dentro de tu mente.

Las dos mentes

Tienes dos mentes combinadas en una: la consciente y la subconsciente.

La consciente es la parte que tienes más presente, podríamos llamarla "mente principal". Aquí se despliegan los pensamientos, elecciones, decisiones y todo eso de lo que eres consciente. Si imaginas la mente como una computadora, entonces la mente consciente es lo visible en la pantalla.

Bajo la mente consciente y tras la pantalla se encuentra la mente subconsciente. Es la parte que trabaja en todo lo que está por debajo de tu conciencia. Es el hardware, el software, los chips, cables y el código que mantiene todo funcionando sin problemas. La mente subconsciente es responsable de las innumerables operaciones necesarias para mantenerte vivo y bien, incluyendo almacenar recuerdos, mantener el ritmo cardíaco, regular la temperatura corporal, filtrar la sangre, convertir el oxígeno, almacenar creencias, resolver problemas, influir en los sueños y guiar todos los reflejos.

Tu mente subconsciente (también conocida como inconsciente, programada o habitual) se puede comparar con el código fuente subyacente que controla los programas de cualquier juego o software. La mente consciente es el controlador, pero la mente subconsciente es el entorno en el que funciona ese controlador.

Aunque las mentes subconsciente y consciente son diferentes, son partes de un todo único. Como mencioné antes, muchos de los comportamientos, decisiones y pensamientos están impulsados por programas subconscientes. Al igual que con una computadora, solo vemos una pequeña fracción de lo que sucede en la pantalla, mientras que en el mismo instante hay un sinfín de procesos que ocurren en lo profundo para que todo funcione.

Cómo se forma la mente subconsciente

El hecho de que la mente subconsciente esté siempre abierta a la influencia y al cambio a través del poder de la neuroplasticidad es un desafío y una ventaja extraordinaria. La neuroplasticidad es la capacidad del cerebro de adaptarse y remodelarse en respuesta a diversos estímulos, en especial a las experiencias de vida. Aunque se sabe que el cerebro es muy adaptable desde el nacimiento hasta los 25 años, la investigación científica moderna nos cuenta una historia más empoderadora: la neuroplasticidad continúa mucho más allá de la edad adulta temprana y persiste durante toda nuestra vida.[2] Aunque la neuroplasticidad adulta requiere un esfuerzo más deliberado, concentración y descanso adecuado, a diferencia de los procesos de desarrollo más pasivos de los años anteriores, con las estrategias adecuadas, nuestro cerebro sigue siendo capaz de crecer a cualquier edad.

Durante los primeros siete años de vida, dentro de nuestra mente magnética, se forman los programas subconscientes básicos que dan forma a 95 por ciento de los pensamientos y comportamientos.[3] Eso sucede debido al estado de ondas cerebrales en el que operamos durante ese periodo. Las ondas cerebrales son impulsos eléctricos que muestran la actividad cerebral. Se presentan en diferentes frecuencias, cada una vinculada a diferentes estados de conciencia y aprendizaje.

Los primeros siete años de vida pueden describirse como los años de “cómo ser un ser humano”, es cuando aprendemos los principios básicos de la vida. Durante ese tiempo, los cerebros operan de manera principal en la frecuencia de onda theta, que va de 4 a 8 Hz. Esa frecuencia se relaciona con la creatividad y una especie de estado hipnótico de aprendizaje, lo que hace que las mentes jóvenes sean muy maleables. Los niños absorben como esponjas cada experiencia, palabra y comportamiento durante ese periodo. En el estado theta, la mente consciente pasa a un segundo plano, dejando a la mente subconsciente por completo abierta y muy sugestionable, por lo tanto, la mayoría de los niños creerán que Santa Claus y los renos voladores son hechos en lugar de ficción.

A medida que envejecemos, las ondas cerebrales van cambiando su predominio de forma gradual hacia frecuencias alfa (de 8 a 12 Hz) y beta (de 12 a 30 Hz). Esas frecuencias se asocian con un mayor estado de alerta, pensamiento consciente y resolución activa de problemas. La transición marca un cambio desde la programación subconsciente absorbente de la primera infancia hacia formas más conscientes y deliberadas de aprendizaje y procesamiento. Como adulto, el cerebro se mueve de manera constante entre esos diferentes estados de ondas cerebrales, dependiendo de en qué estés concentrado en ese momento.

Comprender esos cambios en los patrones de las ondas cerebrales se vuelve esencial si deseas trabajar con tu mente subconsciente para deshacer cualquier programación o condicionamiento no deseado de la infancia. Este viaje te permite elevarte a la persona que puedes ser, en lugar de estar limitado a la persona que fuiste condicionado a ser.

Como adulto puedes "hackear" tu código fuente subconsciente aprovechando el poder de las ondas cerebrales theta para sugerir nuevos programas, creencias e ideas a tu mente subconsciente. En los siguientes capítulos, este libro te enseñará exactamente cómo hacerlo.

Recordatorios magnéticos

- Eres quien crees que eres. Puedes cambiar los límites de tu realidad actual utilizando el poder de tu mente magnética.
- La mente magnética consta de dos partes: la mente consciente, que maneja aquello de lo que eres consciente, y la mente subconsciente, que opera por debajo de tu conciencia e influye en 95 por ciento de tu comportamiento, decisiones y pensamientos.

- La neuroplasticidad es la capacidad del cerebro para cambiar y adaptarse en respuesta a diversos estímulos, en especial experiencias de vida. Este proceso es pasivo en los años más jóvenes, pero los adultos también pueden remodelar su cerebro mediante un esfuerzo deliberado, concentración y descanso adecuado.

5. Influencias subconscientes

Ahora que entiendes cómo se formó la mente subconsciente, exploremos con más detalle algunas de las influencias que te formaron en esos primeros años y te convirtieron en la persona que eres hoy.

Reflejo y modelado

Mucho de lo que aprendiste no te lo enseñaron, sino que te lo modelaron. Un ejemplo clásico de eso es la forma en que los niños pequeños corren por el patio de recreo gritando malas palabras. Aunque no les hayan enseñado a usar este lenguaje, o que ni siquiera sepan lo que significa, aprenden que es algo que dicen los adultos, por lo que, de manera natural, también comienzan a usar esas palabras.

Impacto emocional

Las emociones desempeñan un papel importante en la impresión de recuerdos. Los acontecimientos emocionales actúan como marcadores que iluminan lo que es importante almacenar en nuestra mente subconsciente. Por eso, con frecuencia, podemos recordar con facilidad y claridad los recuerdos más emotivos, ya sean felices o tristes.

Un ejemplo clave de eso es el papel que desempeña el trauma. Cuando un niño experimenta una pérdida, dolor, abandono u otras situaciones que amenazan su supervivencia y seguridad, los recuerdos asociados crean programas subconscientes diseñados para que se proteja si las situaciones se repiten.

Lo mismo ocurre con los recuerdos felices, como ver el mar por primera vez, comer tu comida casera favorita o marcar el gol de la victoria en un deporte.

Entre más fuerte sea la emoción, más profunda será la huella subconsciente.

Sugerencias externas

Lo que llamamos "heterosugestión" es una sugestión que proviene de fuentes externas, como los medios de comunicación, la publicidad e incluso otras personas. Ese tipo de sugestiones están por todas partes en el mundo moderno; con frecuencia, recibimos influencias subliminales sin ser conscientes de ello.

Por ejemplo, cuando eras pequeño, veías un anuncio que afirmaba que el yogur sin grasa era más saludable que las variedades enteras. Eso crea en tu subconsciente la creencia de que la grasa del yogur es mala (aunque no lo sea), lo que te lleva a comprar siempre alternativas sin grasa.

Otro ejemplo común es el de adoptar creencias que se escuchan de miembros de la familia. Por ejemplo, una tía que hace comentarios sobre que las mujeres solteras mayores de 30 años ya han pasado su fecha de caducidad podría provocar que un programa subconsciente infunda una sensación de urgencia en torno a encontrar a "la persona indicada" lo antes posible.

Las heterosugestiones que absorbemos sin darnos cuenta afectan nuestros pensamientos, creencias y conductas. Con frecuencia nos llevan a crear programas subconscientes que no se basan en hechos o que no tienen sentido lógico.

Impronta cultural

Dependiendo de la cultura en la que creciste, es probable que hayas adquirido ciertos rasgos o formas de pensar y de comportarte que compartes con la población en la que te desarrollaste.

Estos gustos y disgustos, hábitos y rasgos colectivos pueden tener un profundo impacto en la forma en que vemos el mundo y a nosotros mismos desde las primeras etapas de nuestro desarrollo. Muchas de esas influencias son positivas, como un mayor valor otorgado a la familia y a la comunidad. Pero algunas pueden ser limitantes, por ejemplo, hacer de la pobreza una virtud o denunciar trayectorias profesionales creativas, como cuando la sociedad valora más las profesiones convencionales (como abogados o doctores) que las creativas (como artistas o sanadores). La impronta cultural a la que te expusieron a medida que crecías juega un papel importante en la formación de quién crees que eres.

Patrones heredados

Si tuviste suerte, creciste rodeado de adultos sabios y bien intencionados. Te tomaron de la mano e intentaron explicarte el mundo, en especial en esos primeros siete años cruciales en los que tus ojos, oídos y mente estaban abiertos y asimilabas todo por primera vez.

Esas primeras impresiones crearon el "código fuente" a partir del cual opera tu mente hoy en día.

Programas subconscientes que tus padres y comunidad te enseñaron de manera consciente

- Cómo andar en bicicleta
- Cómo atarse las agujetas de los zapatos
- Cómo conducir un coche
- Cómo comer
- Cómo caminar
- Cómo leer y hablar
- Qué creencias religiosas y espirituales tener (o no tener)
- Cómo ir al baño
- Cómo cepillarse los dientes

Lo que también te enseñaron tus padres y comunidad

- Cómo amar a otra persona / cómo se ve el amor
- Cómo procesar tus emociones
- Cómo sentirte respecto al dinero / qué significa el dinero
- Cómo es el éxito / qué significa el éxito
- Cómo afrontar el duelo
- Cómo trabajar
- Cómo ser feliz
- Cómo manejar los conflictos
- Cómo tratar tu cuerpo

Muchas de las lecciones más importantes de la vida no se nos enseñan de forma consciente, sino que son patrones que identificamos y combinamos para crear programas para nuestra vida. A menos que desees crear una viva imagen de la vida de tus primeros cuidadores, deberás recodificar tu mente subconsciente para lograr los resultados que deseas.

Símbolos y elementos visuales

Lo que vemos (o no vemos) tiene un profundo impacto en la vida que creamos. La mente subconsciente es muy visual y almacena información mediante imágenes, símbolos y colores. Tal vez creciste junto al océano y piensas que es tu lugar feliz, lo que te llevó más tarde a gravitar hacia cualquier cosa de color azul.

En los primeros años, la mente subconsciente hace asociaciones que conectan objetos, colores y cosas con diferentes significados. Muchos de esos significados son universales, como una luz roja que significa parar y una verde, avanzar. Sin embargo, todos tenemos diferentes programas para distintas imágenes. Los programas subconscientes son únicos para cada uno, y los significados que hemos creado dependen de nuestra experiencia subjetiva.

El conductor

¿Recuerdas cuando aprendiste a conducir? Yo sí.

Recuerdo de manera vívida a mi padre haciendo todo lo posible por mantener la calma mientras yo intentaba averiguar cuál era cada pedal, revisando con nerviosismo los espejos laterales e intentando conducir en línea recta. Todo el tiempo rezando en mi cabeza al universo para que no chocara la querida camioneta de mi padre.

Si nos trasladamos al presente, mi experiencia de conducción es muy diferente. Puedo subirme a cualquier auto y charlar sin esfuerzo con un amigo mientras nos transportamos del punto A al punto B. Cuando manejo sola, puedo seguir un GPS hasta un lugar desconocido, escuchando un pódcast que me hace reflexionar, mientras cocino mi última idea empresarial en la cabeza.

¿Cómo es posible? La respuesta es el poder de la mente subconsciente. Como cualquier comportamiento (por ejemplo, cepillarse los dientes o escribir en la computadora), conducir se convierte en un programa, una vez que la mente consciente repite la tarea suficientes veces, el subconsciente toma el control. Por eso, los nuevos comportamientos y habilidades que antes eran difíciles y agotadores de repente se vuelven fáciles ya que el programa subconsciente se pone en marcha.

El subconsciente lleva las riendas de tu vida alrededor de 95 por ciento del tiempo. Así que, mientras tú crees que estás al volante, tu subconsciente tiene el volante y tu autoconcepto interior es el GPS. Eso puede estar bien cuando manejas un coche de forma literal. El problema es que tal vez tu subconsciente no tenga instalado el programa correcto en lo que respecta a cómo administrar el dinero, cómo curarte de un desamor, cómo responder al estrés o incluso cómo seguir tus sueños.

Cuando tu mente subconsciente no está codificada para el tipo de vida que deseas llevar, la vida parece, de manera metafórica, como si la estuviera manejando un aprendiz de conductor nervioso que dejó el freno de mano puesto.

Un nuevo propósito

Uno de los deseos más fuertes que veo entre las personas es encontrar su propósito. Un propósito puede ser muchas cosas, pero creo que se describe mejor como un objetivo o una causa valiosa que ayuda a los demás y a nosotros mismos.

Si estás buscando un propósito en la vida, considera reprogramar tu mente subconsciente para obtener salud, riqueza, amor y felicidad.

Romper viejos patrones que nos quitan poder a través del trabajo de reprogramación subconsciente es uno de los roles más importantes que podemos asumir como parte de nuestro propósito aquí en la tierra, lo que nos convierte en cocreadores conscientes de nuestras vidas.

El trabajo que haces para ti mismo afecta a todos los que te rodean, y si eliges tener hijos o participar en la crianza de otros niños, desempeñarás un papel en la "codificación" de la próxima generación.

Recordatorios magnéticos

- La mente subconsciente se programa en gran medida durante los primeros siete años de vida y está determinada por factores como la imitación de la conducta y los patrones de los primeros cuidadores, las sugerencias externas y el condicionamiento cultural.
- A menos que se reprogramen de forma consciente, esos programas infantiles son los que controlan tu vida 95 por ciento del tiempo.
- Si estás buscando tu propósito en la vida, considera reprogramar tu mente subconsciente para lograr salud, riqueza, amor y felicidad.

6. Cambiar los patrones

Si decides actuar y reprogramar tu mente, al mismo tiempo estás asumiendo el papel de lo que algunas personas llamarían un rompedor de maldiciones generacionales. Acepta que no hay maldiciones sobre ti ni sobre tu familia, solo hay patrones inconscientes que esperan ser llevados a la conciencia y reprogramados. Con frecuencia, tus programas subconscientes pueden estar vinculados a patrones transmitidos de generación en generación, y estos aún no han sido desafiados.

La buena noticia es que los patrones se pueden cambiar.

Como lector de este libro, te encuentras en un lugar de nuevo poder. Tu vida ya no tiene por qué seguir la misma trayectoria que la de tus padres y abuelos, a menos que lo desees.

Puedes reescribir el guion. Puedes recodificar el juego.

El hecho de que las cosas siempre hayan sido de una forma determinada no significa que tengan que seguir siendo iguales.

Puedes romper el patrón.

Un momento de perdón

Al explorar el poder transformador del subconsciente, es fácil caer en una espiral de querer culpar a las personas de tu pasado por el papel que desempeñaron en programarte de todas las "maneras equivocadas". Si esa línea de pensamiento ha entrado en tu mente, quiero que sepas que no estás solo. Es raro encontrar a alguien que crea que sus padres hicieron todo bien. Después de todo, son como tú y como yo. Todos somos perfectos en nuestra imperfección.

Se podría decir que criar a un hijo es el trabajo más importante que alguien puede asumir. Pero los padres no necesitan ninguna cualificación, educación o formación previa para asumir ese puesto. Solo se necesita que dos personas se pongan manos a la obra y, de repente, eres responsable de dar forma a parte de la próxima generación y de codificar a un pequeño ser humano con todos los programas correctos. Si me preguntas, ese es un requisito de entrada bastante bajo para un puesto de trabajo tan avanzado.

Recordar que no se necesita formación previa para criar a un ser humano te ayudará a dejar de culpar a los demás. Al fin y al cabo, todos hicieron lo mejor que pudieron, incluidos tus padres, trabajando con los conocimientos, las herramientas y la conciencia que tenían en ese momento.

Cuando miras las cosas de esa manera, lo que sucedió y quién te hizo mal, también hizo algo bien, porque tienes el deseo de mejorar y eso es algo por lo que estar agradecido. Aferrarte a la decepción, dolor, culpa y vergüenza del pasado solo hará que esas experiencias se proyecten más hacia el futuro. Es más fácil decirlo que hacerlo, pero lo mejor que puedes hacer por ti es soltar y seguir adelante.

Quiero que sepas que cambiar está en tu poder. Como creador consciente, puedes reescribir el guion y cambiar la dirección de la película de la vida.

Cómo descubrir tus bloqueos subconscientes

Al empezar a trabajar con mi mente subconsciente, me abrumaba la idea de que tendría que volver a vivir cada experiencia de mi infancia para encontrar los programas que no apoyaban la vida que deseaba crear. Por suerte, no es así. Cuando trabajas con tu mente subconsciente, el poder reside en observar cómo está tu vida ahora.

El primer paso es tomar conciencia de cómo funciona tu mente subconsciente en el aquí y ahora. Ya que tienes esa conciencia, el siguiente paso es comenzar a cuestionarte con curiosidad y compasión para comprender mejor lo que está sucediendo e identificar patrones que tal vez no hayas visto de forma consciente.

Pasa a la acción: ¿qué áreas de tu vida tienen armonía, paz y una sensación de tranquilidad? ¿Qué has manifestado ya en tu vida? Tus respuestas a esas preguntas iluminarán las áreas en las que ya tienes programas subconscientes que te dan poder y apoyo.

Ahora, con una curiosidad compasiva, ¿qué deseos hay en tu corazón que te ha costado hacer realidad? Reflexiona sobre un sueño y una meta que anhelas de verdad. ¿Qué deseas que sea fácil, tranquilo y que te dé una sensación de fluidez, pero que ahora te parece caótico, difícil o que tiene mucha resistencia? Tal vez tengas una meta económica, el deseo de tener una pareja romántica o aspires a triunfar en un campo que es nuevo para ti. Si tienes un deseo por el que has trabajado y que te parece desafiante o bloqueado, con frecuencia la respuesta para obtenerlo se encuentra al trabajar en tu mente subconsciente.

Lo que te falta ahora es el resultado de lo que has sido hasta este momento, tu vida es un despliegue de causa y efecto. Tu subconsciente es la causa, el efecto es el resultado de su programación. Cambia la programación si deseas cambiar los resultados que obtienes. Un desarrollador de *software* examina un programa para ver si el código fuente ha creado el efecto deseado. De manera similar, como codificador de tu realidad, puedes observar si los programas subconscientes en tu interior reflejan la realidad externa que deseas. Tu mundo interior crea tu mundo exterior.

Reeducación = recodificación

Piensa en el proceso de reacondicionamiento de la mente como una forma de reeducación.

Para ello, imagínate como el tipo de padre o madre que te gustaría ser con respecto a tu niño interior. Utiliza eso como la lente a través de la cual observas tu mente subconsciente.

Imagínate cómo habría sido enseñarte a caminar. En algún momento durante los primeros dos años, el guion de la caminata se programó en tu mente subconsciente. Tus padres lo incorporaron mediante la persistencia, la repetición y el refuerzo positivo constante. Cada paso potencial era aplaudido y elogiado; cada caída, corregida y hacían un esfuerzo constante para ayudarte a levantarte de nuevo cada vez que te caías. Durante ese proceso, es probable que te cayeras una y otra vez, pero te levantabas y lo intentabas una y otra vez porque, en el fondo, querías caminar y tus padres, que te amaban, también deseaban que caminaras con valentía por el mundo. Programar tu mente subconsciente requiere esta misma creencia amorosa, persistente, constante e inquebrantable.

Una vez que aprendiste a caminar, se convirtió en una actividad que se realiza sin esfuerzo y sin pensar. Es un programa que tu cuerpo ahora conoce para el resto de tu vida. Al igual que instalaste el programa para caminar, puedes instalar un nuevo programa para cualquier cosa que desees.

Crees que puedes instalar programas para la salud, la riqueza, el amor y la felicidad en tu mente. ¿Por qué no, si otros los han instalado con éxito?

El portal a tu subconsciente

Piensa en las ondas cerebrales theta como el lenguaje de la mente subconsciente: un lenguaje que puedes usar para introducir información en tu subconsciente.

La buena noticia es que entras y sales de la zona theta de manera natural todos los días: es el estado de ondas cerebrales en el que ingresas cuando comienzas a sentirte cansado y somnoliento, justo antes de quedarte dormido, también cuando acabas de despertar y haces la transición a la vigilia. Esos momentos son los "portales" hacia tu mente subconsciente, y lo que hagas durante estos momentos tendrá un gran impacto en cómo piensas y sientes.

Formas de recodificar tu mente subconsciente

He aquí algunas herramientas que puedes usar cuando estás en la zona theta para recodificar tu mente subconsciente para: salud, riqueza, amor y felicidad.

Declaración magnética

En esta técnica, creas tu propia declaración única que aprendes de memoria. Se trata de una poderosa declaración al universo y a tu mente subconsciente sobre quien aspiras a ser, que se puede utilizar al principio y al final de cada día, cuando la mente está más receptiva. Para practicarla, coloca tu mano sobre tu pecho y conéctate con tu espacio del corazón, despertando un sentimiento de amor propio, y luego repítela en tu mente o en voz alta, una y otra vez, mientras te quedas dormido y de nuevo a primera hora de la mañana.

Por ejemplo: "Declaro que soy feliz, saludable, abundante y libre. Amo el dinero y el dinero me ama". Consejo: si te sientes desconectado de lo que estás declarando, puedes usar lo que yo llamo un puente de verdad para conectar lo que tu subconsciente ya cree con lo que estás invocando. Puedes hacer esto declarando algo que ya es verdad para ti con la declaración, como tu nombre, ocupación o un hecho sobre ti, seguido de tu declaración. Esto ayuda a que se sienta más familiar, creando menos resistencia para la mente. Convertir tu declaración en una rima también puede ser útil.

Ejemplo: "Mi nombre es Rochelle Fox y declaro que soy feliz, saludable, abundante y libre. Amo el dinero y el dinero me ama".

Subliminales del sueño

Las pistas de audio subliminales se crean con música de frecuencia armoniosa combinada con afirmaciones positivas en bucle. Estas pistas funcionan mejor cuando se escuchan justo antes o durante el sueño, o cuando te despiertas por la mañana, cuando la puerta de entrada al subconsciente está abierta.

Películas de visualización

Como la mente subconsciente es muy visual, impregnarla con imágenes, música y afirmaciones puede ser una combinación poderosa, en especial si se hace a primera hora de la mañana o antes de ir a dormir. Las películas de visualización son, en esencia, tableros de visión que cobran vida y combinan imágenes de lo que deseas con afirmaciones positivas en tiempo presente expresando que lo que deseas ya es tuyo, junto con música armoniosa y de alta vibración que eleva el espíritu.

Combinados, esos tres elementos crean un poderoso detonante para elevar tu vibración mientras impregnas de manera visual tu futuro en tu mente magnética. Cuando ves una película de visualización todos los días, creas una sensación de familiaridad y entusiasmo en torno a tu futuro deseado. Puedes encontrar información sobre cómo crear una poderosa película de tablero de visión en www.magneticbook.com/movie

Hipnosis

No es necesario esperar a dormir para entrar en un estado de ondas cerebrales theta. La hipnosis es una forma de inducir un estado de ondas cerebrales theta siguiendo instrucciones guiadas o mediante la autohipnosis. Mientras estás hipnotizado, entras en un trance ligero y tu mente analítica consciente (el controlador) se apaga, lo que te permite a ti (o a quienquiera que te hipnotice) acceder directo a la mente subconsciente.

Meditación

La meditación es, sin duda, una de las herramientas más poderosas que puedes aprender y practicar en tu vida, porque fortalece el control que tienes sobre tu conciencia. A donde va tu conciencia, la energía la sigue. A través de la práctica de la meditación, aprenderás a mover la conciencia dentro de la mente, lo que te permitirá dominar tu energía interior.

La meditación te ayuda a tomar conciencia de lo que alguna vez estuvo oculto, permitiéndote conocerte al revelar los programas subconscientes que te han convertido en quien eres. Cuando meditas a primera hora de la mañana antes de tomar un café o mirar el teléfono, descubrirás que las sesiones son más fáciles ya que tus ondas cerebrales son más lentas, lo que te permite profundizar y desconectarte de verdad… para reconectarte.

Theta no es el único camino

Aunque la mente subconsciente es más influenciable en el estado theta, este no es el único camino para reprogramarla.

Lenguaje consciente

Tu mente consciente es como un programador que escribe el código principal en el juego de la vida. Parte de este "código" está formado por tu diálogo interno y las palabras que dices en voz alta. Mientras tanto, tu mente subconsciente actúa como el sistema que ejecuta este código y lo almacena en forma de programas, que generan de manera automática resultados en función de las instrucciones predominantes que recibe.

Esa es la ley de causa y efecto en juego: la mente consciente es la causa, programando la entrada, y la mente subconsciente produce el efecto, generando el resultado. Si deseas cambiar el resultado, debes actualizar el código introduciendo un lenguaje nuevo y empoderador, de manera interna y externa.

La mente subconsciente acepta lo que dices como verdad. Por lo tanto, si te dices "no puedo", "no soy", "nunca lo conseguiré" o cualquier otra afirmación que te quite poder, el subconsciente seguirá esas instrucciones y producirá resultados que te quitarán poder en la vida. La forma en que te hablas es la conversación más importante que tendrás en tu vida. Puedes controlar eso, cómo te describes a los demás y lo que eliges creer. Con tu libre albedrío consciente, puedes introducir de manera intencional afirmaciones y creencias positivas en tu mente subconsciente. Habla, piensa, afirma y repite las cosas que deseas manifestar en tu vida.

La mente subconsciente procesa el lenguaje basándose en asociaciones y conceptos básicos y, con frecuencia, pasa por alto los negativos como "no", "no lo hagas" o "no lo haré".

Por lo tanto, si te dices "no fracasaré", la mente subconsciente se centra en el concepto básico de "fracasar" en lugar de en tu intención de evitar el fracaso. En cambio, es más poderoso utilizar afirmaciones positivas sobre lo que *sí* quieres crear en lugar de sobre lo que *no* pretendes atraer. Si deseas crear éxito, utiliza afirmaciones como "estoy comprometido con mi éxito" o "alcanzo mis objetivos con facilidad". Al afirmar lo que deseas atraer, tu mente subconsciente trabajará contigo para crear los resultados deseados.

Repetición

Gracias al poder de la neuroplasticidad (la capacidad del cerebro de cambiar y moldearse como el plástico), puedes reescribir el código fuente que dicta tu vida. Puedes cambiar tu programación subconsciente reactivando las mismas vías una y otra vez, creando un nuevo patrón de pensamiento y sentimiento en piloto automático. Del mismo modo que tienes un programa para cepillarte los dientes todos los días, puedes codificar un hábito para cualquier cosa que desees.

Una de las mejores maneras de crear un nuevo hábito es aprovechar lo que se conoce como el ciclo del hábito, que consiste en una señal, una rutina y una recompensa.[4]

1. **Señal:** cada hábito se desencadena por una señal específica. Puede ser cualquier cosa, desde un momento específico del día, un lugar, un estado emocional, incluso una persona determinada. La señal le avisa a tu cerebro que es hora de iniciar el hábito.
2. **Rutina:** es el comportamiento o la acción que realizas en respuesta a la señal. Es el hábito en sí, ya sea cepillarte los dientes, meditar, salir a correr o beber tu batido después de hacer ejercicio.

1. **Recompensa:** es lo que recibe tu cerebro como resultado por completar la rutina. Es la sensación positiva o satisfacción que obtienes del hábito. Las recompensas son lo que hace que tu cerebro quiera repetir el hábito en el futuro.

Si aprovechas el ciclo de los hábitos, puedes empezar a codificar nuevos comportamientos en tu vida diaria. Comienza eligiendo una señal que se adapte de forma natural a tu rutina, como cepillarte los dientes. Luego, programa la acción, por ejemplo, la meditación. Por último, prémiate por meditar con un desayuno y tu bebida matutina favorita. A medida que repitas este ciclo, tu nuevo hábito se volverá mecánico y funcionará en piloto automático como un programa subconsciente.

Rompe el guion

Puedes anular tus patrones subconscientes realizando acciones fuera de tus rutinas y hábitos de siempre, lo cual te proporcionará nuevas pruebas de lo que eres capaz de hacer.

Por ejemplo, hablar en un escenario para superar la timidez, entablar una conversación con un desconocido para superar la ansiedad social, subirte a una montaña rusa para vencer el miedo a las alturas o viajar solo para darle a tu mente magnética la prueba de que puedes tomar decisiones: todas estas acciones ayudan a reconfigurar el subconsciente.

Cuando te desvías del guion habitual y recuerdas que tienes libre albedrío, inspiras nuevas formas de pensar y de ser. Prueba esto hoy: pide algo nuevo, toma un camino diferente para volver a casa, baila en público o entabla una conversación con un desconocido. Acepta tu libre albedrío.

No intentes encontrarte: mejor créate

Descubrir tus programas subconscientes te ayudará a "encontrarte" y te permitirá descubrir por qué eres como eres. Pero dependiendo de lo que encuentres, es posible que al principio no te guste lo que descubras. Si te sientes desanimado o frustrado con los programas que descubres enterrados en lo más profundo de tu ser, no te desesperes.

La vida no se trata tanto de encontrarte, sino más bien de crearte.

Puedes elegir ser víctima de los programas subconscientes que no te sirven, o puedes empezar donde estás ahora y convertirte en el cocreador consciente de tu realidad. Este libro es tu manual para la creación.

Recordatorios magnéticos

- Culpar a los demás por tu condicionamiento pasado solo perpetúa esas experiencias. Tal vez la herida no sea tu culpa, pero la sanación es tu responsabilidad y ahí reside tu poder.
- En la edad adulta, puedes acceder a tu subconsciente y reprogramarlo aprovechando las ondas cerebrales theta.
- Cuando despiertas y justo antes de quedarte dormido por la noche, el portal a la mente subconsciente está abierto por completo, eso lo convierte en el momento perfecto para la reprogramación.
- Puedes impactar tu mente subconsciente sin necesidad del estado theta usando un lenguaje consciente y empoderador, practicando la repetición y aprovechando la neuroplasticidad para alinear tu mente con la persona en que deseas convertirte (en lugar de quien fuiste condicionado a ser).

- Afirma siempre lo que deseas manifestar, no lo que estás evitando.
- Descubrir y recodificar tus bloqueos subconscientes te permite dejar de buscarte y, en su lugar, crearte.

7. Conciencia

Invertir con energía

Como todo en nuestro universo, como ser humano eres una manifestación de energía pura. Desde la silla en la que estás sentado hasta el agua que bebes, la luz del sol que sientes en tu piel y el aire que respiras, todas las cosas en este universo están hechas de energía.

La ciencia moderna describe esta energía como partículas. Los budistas la llaman *prana*, los cristianos le dicen "espíritu", los taoístas la conocen como *qi* y los espiritualistas new age la llaman "vibras". Sin importar la palabra que elijas para describir esta fuerza vital, todas comparten un hilo conductor común: la energía.

Tu energía es tu esencia y el medio a través del cual el universo te permite cocrear tu propia realidad. El lugar donde colocas tu conciencia con el poder de tu atención es donde eliges dirigir esa energía. Cuanta más energía le das a algo, más amplificas su poder y atraes su presencia en tu vida.

- Siempre estás manifestando, ya sea de manera consciente o inconsciente.
- Siempre estás apuntando a algo, incluso cuando crees que no apuntas a nada.
- Siempre eres magnético, ya sea que elijas serlo o no; al igual que la gravedad, es una fuerza omnipresente.

Si estas afirmaciones te parecen extrañas, piénsalo de esta manera: si dedicas más tiempo, concentración, atención y sentimientos a una cosa determinada, le permitirás ocupar más espacio en tu cabeza y en tu vida.

Tú eres quien manda. Comprender cómo dirigir tu energía (aprovechando los poderes mentales de la conciencia y la concentración) es una de las formas más importantes en las que puedes contribuir a convertir tus metas y sueños en realidad.

Puedes dirigir tu atención hacia el pasado, el presente o el futuro. Allí donde elijas poner tu atención es donde invertirás tu energía.

Puedes desear una vida de salud, riqueza y felicidad, pero si tu mente magnética rumia en pensamientos y sentimientos de enfermedad, escasez y negatividad, es probable que veas más de esos resultados no deseados en lugar de aspectos positivos, posibles soluciones y oportunidades.

Cuando aprendas a controlar de manera consciente tu atención y a dirigirla en la dirección que desees, podrás manejar tu mente como un conductor experto. Pero si no aprendes a dominar tu atención, es probable que otros la dirijan por ti.

Recuerda: tu atención es una forma de moneda energética. Cuanta más atención le pongas a algo, más energía ganará y más se amplificará su presencia en tu vida.

El juego de la atención

La vida es un juego de atención. Si deseas recuperar el control sobre tus valiosos recursos mentales, es esencial comprender esta primera pieza del rompecabezas.

Pero hay una segunda pieza del rompecabezas que es igual de importante que comprendas.

¿Alguna vez has notado que hay una voz dentro de tu cabeza que siempre te está hablando? Detengámonos un momento y observémosla. Escuchemos juntos esa "voz interior".

¿Qué dice?

Tienes una mente, pero eso no significa que *seas* la mente.

Ahora considera esto: lo que dice no es importante.

Pero lo que sí es importante es que eso plantea una pregunta transcendental: si puedes observar tus pensamientos, entonces, ¿quién está observando?

Más allá de las divagaciones constantes en tu mente, existe un estado de conciencia más amplio que forma el espacio en el que aparecen tus pensamientos. Para simplificar, llamaremos a este estado "el observador" en lugar de "el pensador".

El observador es el estado de conciencia más amplio que existe más allá de las historias que tienes en tu mente y de los pensamientos que piensas.

La mayoría de la gente está atrapada en la delgada capa de realidad formada por palabras, etiquetas y pensamientos. Pasa todo el tiempo escuchando su mente (todo el día, todos los días) y toma cada pensamiento que pasa por su cabeza como la verdad absoluta, creyendo que esos pensamientos definen quien es.

Puedes elegir reconocer que hay una realidad más grande más allá de este mundo de ruido mental, donde puedes adentrarte en una tierra de posibilidades expandidas. Un lugar donde no lo sabes todo, donde tus pensamientos no limitan quién eres y donde puedes explorar no solo el mundo que es, sino también el mundo cuántico del "qué pasaría si...".

La realidad es esta: aunque tienes un cuerpo, no eres tu cuerpo; tienes pensamientos, pero no eres tus pensamientos; sientes emociones, pero no eres tus emociones.

Eres mucho más grande que todo eso. Eres un alma que tiene una experiencia humana.

La mansión de la mente

Piensa en tu mente como una enorme mansión, un hogar repleto de espacios para almacenar y un espacio infinito para crear. Hay un espacio para tus recuerdos, para el amor, para la felicidad, la tristeza, el sexo, el dolor, la alegría, la ira, incluso un jardín para jugar... todo lo que puedas imaginar. Aunque todas esas áreas existen dentro de la propiedad (la mente), nunca estás habitando (siendo consciente de) todas al mismo tiempo.

Tu mente y tu conciencia no son lo mismo. El primer paso para aprovechar tu poder magnético es ser consciente de la diferencia entre ambas. Tu conciencia ilumina diferentes espacios dentro de la vasta mansión de tu mente, donde todo existe. Todos los pensamientos y emociones son experiencias temporales, solo son áreas entre las que te mueves guiando tu conciencia.

El tiempo que permaneces en un área en particular está determinado por el tiempo que dejas tu conciencia en esa área. Así como puedes entrar en un espacio y encender una luz para ver todo lo que hay allí, también puedes salir, apagar la luz y entrar en otro espacio con una sensación completamente diferente. Cuando diriges tu conciencia, te conviertes en el pensador consciente de tus pensamientos. Nada puede retener tu conciencia sin tu permiso.

Elige con sabiduría los espacios mentales en los que pasas tiempo. Aquello en lo que te concentras se expande y te conviertes en eso a lo que le pones atención.

Recordatorios magnéticos

- Siempre estás dirigiendo tu atención hacia algo y, dondequiera que la coloques, la energía fluye.
- No eres tus pensamientos ni tus emociones, son habitaciones en tu mansión mental donde enfocas de manera temporal tu atención.
- Aprender a enfocar tu atención de forma consciente te ayudará a convertir tu mente en una herramienta poderosa para crear la vida de tus sueños.

8. Imaginación

Crear tu realidad

- ¿Qué pasaría si todo lo que siempre has querido fuera posible?
- ¡Alerta de spoiler! Lo es.
- ¿Qué pasaría si tuvieras la capacidad de atraer todo lo que tu corazón desea?
- ¿Adivina qué? Puedes hacerlo.

La mayoría nos limitamos a "lo que es" (la experiencia física de lo que podemos ver, oír, saborear, tocar y oler), lo que algunos llaman "el mundo real" o "el mundo exterior".

El mundo real puede ser un lugar hermoso, pero también es un mundo de limitaciones si es el único espacio donde dejamos que nuestra conciencia explore. Solo nos muestra lo que está disponible aquí y ahora, lo que ya se ha materializado, no lo que es posible.

Pero existe otro mundo, un mundo de "qué pasaría si...". En ese mundo, nada es imposible y todo se puede convertir en realidad. El mundo de "qué pasaría si..." es una tierra de creatividad sin fin y potencial ilimitado. Un lugar más allá del tiempo y el espacio que trasciende las limitaciones de lo que existe en el aquí y ahora. Se puede acceder a él en cualquier momento a través de tu mente magnética utilizando la imaginación.

La imaginación lo es todo

Cada persona tiene imaginación. En psicología, la imaginación se considera una de las facultades superiores de la mente y uno de los dones únicos que separa a los humanos del reino animal. Como profesora de manifestación, me gusta llamar a la imaginación el mundo cuántico del "qué pasaría si...".

A través de tu imaginación puedes ver lo invisible, ya que es el lugar donde todas las creaciones de la humanidad cobran vida por primera vez. Tu imaginación es una especie de sala de espera para ideas que aún no se han expresado. O piensa en ella como un estudio artístico dentro de tu mansión mental donde juegas con nuevas ideas y conceptos que aún no están disponibles para tus sentidos del mundo exterior.

De niño, comprendiste de manera instintiva el poder del mundo interior y percibiste la importancia de pasar tiempo en él. Cuando somos jóvenes, antes de que el mundo nos diga quiénes somos o quiénes deberíamos ser, vivimos con naturalidad entre el mundo interior y el mundo exterior, sin juzgar a uno como mejor que el otro. Ambos reinos son igual de naturales para nosotros y, a veces, el mundo interior parece incluso más vívido, real y emocionante que el exterior.

Los sueños en tu mente
no son meras fantasías,
son un adelanto de los
caminos por recorrer.

De niño, poseías una conexión magnética natural y fuerte con tu vibrante imaginación. En este reino soñaste con convertirte en pintor, artista, científico, astronauta, sirena o doctor. Tu imaginación te permitió creer que cualquier cosa que desearas ser podría convertirse en tu realidad.

La imaginación es un refugio seguro de potencial y posibilidades: un espacio libre de prejuicios donde exploramos y expresamos nuestros dones únicos. En un mundo que con frecuencia nos dice que no podemos hacer algo, nuestro mundo interior actúa como un cofre del tesoro lleno de oportunidades.

A medida que crecemos, la mayoría entramos en un sistema educativo que prioriza nuestra conexión con el mundo tal como es y promueve su superioridad sobre el mundo del "qué pasaría si...". Se nos anima a creer que nuestra imaginación no es más que un lugar de fantasía. Como resultado del condicionamiento social, muchos llegamos a creer que, para sobrevivir en el mundo adulto, debemos ser más realistas, tener los pies en la tierra (sacar la cabeza "de las nubes") y, al hacerlo, nos distanciamos de uno de nuestros dones innatos más poderosos.

Tu imaginación es como un árbol que se estira hacia el cielo: entre más luz solar y energía recibe, más crecen sus ramas y alcanzan nuevas alturas. Sin energía que fluya hacia ella, tu imaginación se debilita, como un árbol privado de luz solar y agua, sus ramas se caen y deja de dar frutos. Sin tu imaginación, te desconectas de tu verdadero potencial.

Con razón tanta gente en el mundo dice que se "siente perdida" y que "carece de propósito o dirección". Eso le sucede al espíritu humano cuando dejamos de soñar y solo vivimos en el mundo que podemos ver de forma física.

No naciste para existir en un solo mundo. Naciste para vivir tanto en el mundo exterior como en el interior y para usar estas dos realidades para cocrear tus deseos con el universo.

Los deseos de tu corazón y los sueños de tu cabeza no son accidentes, son vistas previas de posibilidades. Ambos mundos existen para ayudarte a crear una visión para tu vida. Por eso, al elaborar tu visión, debes reconectarte con tu imaginación.

"*Delulu* es la *solulu*"

Para manifestar algo que no tienes, debes pensar y sentir más allá de tus circunstancias actuales. Si sigues pensando como siempre, seguirás obteniendo lo de siempre: es la ley de causa y efecto en acción.

Ser delirante significa mantener una creencia o una realidad alterada en tu mente magnética, a pesar de la evidencia de lo contrario.[5]

Por lo tanto, primero debes permitirte soñar de nuevo... y no solo un poco: soñar sin límite. Sueña un sueño tan grande que te resulte incómodo, cuanto más delirante, mejor.

Es hora de dejar de ser realista todo el tiempo y, en cambio, volver a entrar en el mundo cuántico del "qué pasaría si...". Permite que tu mente se expanda y se abra a las posibles biografías disponibles para ti. Una de las formas en que lo hago es con lo que llamo la "estrategia de juego del personaje principal".

Estrategia de juego del personaje principal:

Aléjate un momento y observa tu vida desde la perspectiva de un tercero, imagina que hay un pequeño tú en el juego de la vida, controlado por un tú más grande que es quien manda. Los límites de tu personalidad están definidos por tu imaginación, por los límites subconscientes que mantienes. Suspende tus límites por un momento, aléjate y deja que tu imaginación juegue al "qué pasaría si...".

- Si pudieras hacer cualquier cosa y ser quien quisieras, ¿quién serías y por qué?
- Si el dinero no fuera un obstáculo, ¿qué harías de manera diferente?
- Si la vida no fuera tan seria como la imaginas, ¿de qué dejarías de preocuparte?

Reformula los escenarios mentales

Una de las formas más prácticas de utilizar la imaginación es a través de la visualización. Aunque la imaginación es amplia e ilimitada, se puede orientar más hacia objetivos creando visualizaciones específicas dentro de la mente magnética, viendo y sintiendo un resultado deseado como si ya fuera real.

En la comunidad científica, la visualización suele denominarse "ensayo mental". Se ha estudiado mucho y se ha demostrado que mejora el rendimiento de los deportistas, cirujanos, músicos y otros profesionales al mejorar sus habilidades y capacidades en la vida real. Se ha demostrado que la visualización, aunque se practica en el ámbito mental, tiene un efecto tangible en el mundo real y su impacto no es algo que se pueda ignorar.

Como ya aprendiste, al igual que un imán, tu mente magnética puede atraer y repeler. Como adultos, con frecuencia usamos el poder del ensayo mental de una manera que funciona en nuestra contra, permitiendo que la conciencia se concentre en los peores escenarios y los cree.

Por ejemplo, tu madre siempre te llama por teléfono, pero esta semana te envía un mensaje diciendo: "¿Podemos vernos este fin de semana en persona para charlar?". Imaginas lo peor: "¿Está enferma? ¿Mis padres se están divorciando? ¿Qué noticia podría ser tan mala que solo me pueda contar en persona?".

O tu jefe te llama a una reunión y tú sacas conclusiones precipitadas: "¿Qué he hecho? ¿Me van a despedir? ¿La empresa está haciendo recortes? ¿Mis resultados no han sido lo suficientemente buenos?".

Cuanto más centramos nuestra atención en imaginar el peor de los escenarios, más poder adquieren y más fuerte es el camino que creamos para volver a experimentar esos sentimientos y pensamientos en el futuro, lo que hace que el peor de los escenarios sea una sensación familiar y una probable profecía autocumplida.

La próxima vez que notes que tu conciencia visualiza lo peor, da un paso atrás y dirige de manera consciente tu imaginación hacia el mejor escenario posible. Recuerda que donde colocas tu conciencia es donde diriges tu energía, así que sé intencional en cuanto a dónde permites que vaya tu energía, porque las manifestaciones suelen seguir el flujo de esta.

La visualización es una herramienta que puedes usar con regularidad para fortalecer los músculos de tu imaginación y cargar los sueños que planeas hacer realidad.

Una nueva forma de visualizar

Muchas personas practican la visualización de forma ineficaz. Ven el futuro que desean crear en su mente y se observan viviendo sus deseos desde una perspectiva de terceros, como si estuvieran siendo testigos de sí como personajes de una película.

Aunque eso ayuda a construir una imagen, no es la mejor manera de practicar la visualización. Verse desde una perspectiva de terceros no es la forma de vivir la vida.

Cuando visualizas, el objetivo es engañar a tu mente magnética sobre lo que es real y lo que todavía es cuestión de tu imaginación. Por eso, practicar algo que llamo "visualización

PDV (punto de vista)" ayuda a solucionar el problema (el error, por así decirlo) al hacer que tu mundo interior se sienta como si fuera una experiencia real del mundo exterior. En esta forma de visualización, ves todo desde una perspectiva en primera persona, tal como eres ahora, engañando con eficacia a la mente y al cuerpo para que piensen que lo imaginado es real.

Adquirir confianza en este método de visualización requiere algo de práctica, pero cuando lo domines, también dominarás una de las herramientas más profundas para cargar tus manifestaciones dentro de tu mente magnética.

El método de visualización PDV

Dondequiera que estés ahora, deja este libro y tómate un vaso de agua o, si no estás en casa, compra una botella de agua en la tienda más cercana. Mientras lo haces, céntrate en la sencilla tarea de tomar un vaso de agua y pon especial atención a los detalles de esta acción.

Ya que lo hayas hecho, cierra los ojos y solo reproduce lo que acabas de hacer, viéndolo de manera tan vívida como puedas recordarlo en tu mente, desde una perspectiva en primera persona.

Así es como se siente practicar la visualización PDV. Como ocurre con cualquier habilidad, tal vez lleve un tiempo acostumbrarse a ella. Cuanto más la practiques, más fácil te resultará. Si es algo nuevo para ti, con solo probar este método durante unos minutos al día, con diferentes tareas, fortalecerás tus músculos de visualización.

Una vez que puedas visualizar tareas simples dentro de tu mente, es hora de avanzar hacia la construcción de tu práctica de visualización PDV. Piensa en algo que quieras ver, tener o personificar en el mundo real. Puede ser hablar con confianza, caminar por la playa de tu destino de la lista de deseos, conducir el auto de tus sueños o escribir un libro. Una vez que tengas esa visión, selecciona un escenario o marco simple, una secuencia de pasos y la sensación asociada. Visualízalo dentro de tu mente magnética, en un bucle, permitiendo que tu conciencia lo reproduzca de manera constante desde una perspectiva en primera persona.

Por ejemplo, si tu visualización PDV fue la visión de conducir el auto de tus sueños, entonces podría verse como algo así:

> *Miras hacia abajo y ves las llaves del coche de tus sueños en tu mano. Es domingo, así que vamos a dar una vuelta. Abres la portezuela y te acomodas en el asiento muy bien ajustado mientras percibes el olor a automóvil nuevo. Imaginas que enciendes el coche y oyes el ronroneo del motor mientras se conecta el Bluetooth y empieza a sonar tu álbum favorito, una sensación de alegría y emoción llena tu pecho. Pones el pie en el pedal y sales del estacionamiento hacia la carretera. Ves y sientes el volante en tus manos y te permites conectar con la energía general de esta futura versión de ti: la persona que ya atrajo a su realidad esta visión de poseer y conducir este coche.*

Convierte esto en una práctica diaria, sin importar qué estás invocando, asegurándote de que, al visualizarlo, no solo lo veas, sino que también cultives la confianza de que esa visión puede convertirse en tu realidad. Reclámala y recuerda que ya es tuya en el reino cuántico.

Recordatorios magnéticos

- El mundo del "qué pasaría si..." te muestra lo posible más allá de los límites de "lo que es" y se puede explorar a través de tu imaginación. Al vivir en ambos mundos, puedes cocrear tus deseos con el universo.
- Cuando somos niños, la conexión con nuestra imaginación es fuerte, pero a medida que crecemos, con frecuencia se desvanece debido al condicionamiento social.
- Para crear una visión de tu vida, debes reconectarte con tu imaginación y permitirte pensar y sentir más allá de tus circunstancias actuales. Una de las formas más prácticas y poderosas de hacerlo es a través de la visualización.

9. El filtro magnético

¿Alguna vez te ha llamado la atención algo nuevo y de repente lo ves por todas partes?

Tal vez deseas viajar a un nuevo destino o comprar un nuevo reloj inteligente y, de repente, en lo que parece una coincidencia casi espeluznante, un amigo menciona que viajará a donde anhelas ir y ves a un colega que usa ese reloj en la oficina.

O quizá añadas un coche específico de un color determinado a tu película de visualización y luego, como por arte de magia, empiezas a verlo por todas partes en la carretera.

La cuestión es: no se trata de magia. El universo desempeña un papel, pero también tu algoritmo interno, conocido como sistema de activación reticular ascendente.

Conoce tu filtro

El sistema de activación reticular ascendente (SARA) es un sistema muy importante dentro del cerebro que actúa como un filtro para la información sensorial que recibes momento a momento. Ese proceso afecta muchos aspectos de la mente (como el sueño, la memoria, las emociones y más), pero por ahora nos centraremos en su capacidad para ordenar y analizar tu experiencia de vida y en cómo puede ayudarte a manifestar más de lo que deseas.

Todos tenemos prioridades diferentes. Tu mente se enfocará y atraerá lo que tú consideras importante. Tu SARA es uno de los superpoderes de la mente magnética. A medida que aprendas a aprovechar este sistema y a dirigirlo hacia tus deseos, su capacidad para apoyar la creación consciente de tu realidad será profunda.

Para entender mejor lo que hace el SARA por ti, piensa en él como una plataforma de redes sociales basada en feeds. Cada día, se suben un sinfín de contenidos a una base de datos y luego se organizan con cuidado en un sistema funcional a través de un algoritmo. Esto crea un ciclo de retroalimentación diseñado en específico para mostrarte más de lo que te gusta. Si te gustan los videos de gatos, tu filtro te encontrará más videos de gatos.

Ahora imagina una plataforma de redes sociales sin un algoritmo. En lugar de ofrecer contenido relevante, solo te arroja cualquier cosa, un flujo interminable de aleatoriedad, sin tener en cuenta tus gustos o disgustos. Sería una pesadilla para la experiencia del usuario.

Para evitar este caos, las plataformas de redes sociales utilizan un sistema de clasificación inteligente que selecciona el contenido por ti. Cuando interactúas de manera consciente con un contenido específico (mirando, dándole me gusta, compartiéndolo, comentando sobre él), el algoritmo responde refinando tu feed y mostrándote más de lo que te interesa.

Eso hace tu SARA dentro de tu mente magnética. Es tu algoritmo interno inteligente, programado a través de tus mentes consciente y subconsciente y, además, influenciado por eso en lo que concentras tu atención, momento a momento.

El sistema de activación reticular ascendente detecta en qué estás pensando y a qué dedicas tu tiempo. Luego filtra el mundo que te rodea para destacar lo relevante e ignora lo que no lo es. Intenta confirmar tu visión del mundo y mostrarte más de lo que te interesa, porque si lo incluyera todo, te agobiarías y no podrías funcionar.

Ese ciclo de retroalimentación puede ser una bendición y una maldición. Si priorizas y te concentras en volverte sexy, rico y saludable, entonces tu filtro magnético notará formas en las que puedes volverte sexy, rico y saludable. Si llenas tu mente de miedo, carencia y preocupación, entonces reforzará formas de confirmarlos.

Si enfocas tu conciencia en la abundancia y la positividad, tu SARA estará atento a más de lo mismo. Lo similar atrae a lo similar.

La ilusión de frecuencia

Aunque siempre disfruté la música de Taylor Swift, en realidad nunca estuvo en mi radar. Pero cuando hice una nueva amiga que era fanática de Swift, comencé a escuchar su música con más frecuencia. Además de poner de forma intencional sus éxitos, de repente notaba que sus canciones sonaban en las tiendas, en los estéreos de los autos, incluso como tono de llamada de alguien. Antes de darme cuenta, pasé de vivir en un mundo en el que en realidad no notaba a Taylor Swift a escuchar su música en todas partes.

Este es un ejemplo clásico de lo que se conoce como la "ilusión de frecuencia", un sesgo cognitivo que ocurre cuando algo de lo que nos dimos cuenta de manera reciente de repente parece estar en todas partes.

La ilusión de frecuencia puede funcionar a tu favor o en tu contra. Como sesgo cognitivo, este fenómeno de pensamiento puede hacer que tu mente se distorsione y se desequilibre. Cuando ocurre la ilusión de frecuencia, podemos engañarnos y pensar que algo es más común de lo que es en realidad.

Pero cuando se trata de la manifestación, este fenómeno tiene un impacto positivo e influencia tu mente para que te des cuenta de lo que quieres creer. Ajustar tu filtro magnético te ayuda a resaltar oportunidades en tu camino hacia la vida de tus sueños y agudizar tus sentidos para notar la evidencia de tu progreso.

¿Confirmación o competencia?

Cada persona interpreta lo que su SARA le muestra de maneras muy diferentes, según su mentalidad.

Considera este escenario:

> *Decidiste que es hora de cambiar de carrera y deseas dejar tu trabajo de 9 a 5 y convertirte en coach de vida. A medida que este nuevo y emocionante sueño comienza a tomar forma, sigues a otros coaches y emprendedores en redes sociales y empiezas a leer más sobre negocios en línea. Ahora que tu mente consciente está al tanto de esta nueva información, tu SARA comienza a resaltar todo lo relacionado con el coaching.*
>
> *Comienzan a producirse pequeñas sincronicidades. De repente, escuchas gente hablando de coaching en la cafetería local, descubres un correo electrónico sobre una certificación en coaching en tu bandeja de entrada y ves a un amigo de la infancia publicar en internet sobre su nuevo negocio de coaching.*
>
> *Empiezas a notar coaches y emprendedores en todas partes.*

Dependiendo de tu mentalidad, esta nueva información puede ser empoderadora o desmoralizadora. Puede actuar como evidencia de que esa nueva trayectoria profesional es posible para ti, porque si ellos pueden hacerlo, tú también. Por otro lado, si tienes una mentalidad de escasez, puede hacerte caer en una espiral de agobio, temiendo que ya hayas llegado demasiado tarde al juego.

Muchas personas cometen el error de usar la evidencia que su filtro encuentra (de que otras personas hacen lo que ellos quieren) para alimentar aún más creencias desmoralizadoras sobre la comparación y la competencia.

Filtros y creencias

Tu filtro magnético te muestra más de aquello en lo que te centras y te ayuda a confirmar lo que crees, tanto bueno como malo. No importa cuán grande y expansivo sea el sueño que tengas, si no construyes tu visión sobre bases sólidas, las creencias subconscientes temerosas y limitantes la pueden sabotear.

Por eso debes afinar tu mentalidad y tus creencias al manifestar.

Es importante entender que una creencia es solo un pensamiento que has repetido una y otra vez hasta que tu mente subconsciente lo acepta como verdad. Por lo tanto, si tienes una creencia fundamental sobre lo que es o no es posible para ti, entonces tu filtro magnético busca evidencia que respalde esa creencia, incluso si no respalda tu visión más amplia.

Eso sucede porque lo último que tu mente subconsciente quiere es que te sientas un mentiroso, por lo que siempre está trabajando para confirmar lo que crees. Así es como podemos vivir en un mundo donde dos personas pueden tener puntos de vista opuestos, pero ambas partes están muy convencidas de que su versión es la verdad. Eso ocurre porque no vemos el mundo como es. Vemos el mundo exterior como un reflejo de nuestras creencias subconscientes, que forman la base de nuestro mundo interior.

Si tu enfoque está en la abundancia, percibes un mundo lleno de oportunidades millonarias. Por el contrario, si estás obsesionado con la escasez, tu mundo reflejará una falta de oportunidades. La elección es tuya.

Tu filtro magnético no dicta tu realidad, pero influye en tu percepción de la misma. La buena noticia es que este sistema está bajo tu control.

Filtro en acción – el millonario

Tengo un muy buen amigo que es multimillonario. De niño, no tenía nada más que un gran deseo de convertirse en alguien importante. Con el paso de los años, mientras se concentraba en generar riqueza, programó su mente magnética para detectar oportunidades de hacer dinero en todas partes. Incluso durante las recesiones económicas, logró convertir los desafíos en ganancias.

En la actualidad, observa y estudia las acciones bursátiles y las tendencias, se mantiene al día con las últimas noticias y siempre se concentra en las formas de ganar dinero. Sus conversaciones se centran en el precio de las cosas, el comportamiento de compra y los patrones generales que observa en el mundo en general. Ha programado un algoritmo de generación de riqueza en su mente magnética, y su filtro magnético está entrenado para notar y resaltar información que respalde esa mentalidad y su deseo de ser rico.

Filtro en acción: "Todo el mundo se separa"

Una vez, en un retiro, tuve una estudiante que creía con firmeza que las relaciones no duraban y que todo el mundo siempre terminaba rompiendo y siendo traicionado. Aunque creía eso, también tenía un fuerte deseo de tener una relación amorosa. Un día, me pidió que pusiera su lista de reproducción favorita. Sus creencias desmoralizadoras sobre las relaciones cobraron sentido de inmediato para mí: durante los últimos dos años, desde una desagradable ruptura, había escuchado canciones todos los días con letras sobre desamor y dolor. Al escuchar esas letras diario como afirmaciones, su filtro magnético le mostraba de forma constante evidencias de (lo adivinaste) rupturas y dolor.

Por consejo mío, cambió la lista de reproducción por una llena de música positiva e inspiradora que reflejaba lo que deseaba en la vida, empezó a practicar mi meditación de amor propio para dormir por la noche, bailó todas las mañanas al ritmo de música que la animaba y mantuvo como película de visualización varias películas en las que la gente encuentra relaciones saludables, y que veía a diario. Unos meses después del retiro, me contó que había encontrado el tipo de amor que siempre había deseado.

Un mundo de oportunidades

El mundo está lleno de oportunidades ilimitadas. Todo lo que necesitas saber ya está disponible, esperando que te conectes con él, todas las personas que pueden ayudarte y todo el conocimiento que necesitas están esperando a que abras tu mente.

Por eso es tan poderoso practicar la ilusión dentro de tu mundo interior (ver lo que deseas ver primero con el ojo de tu mente). A través de esa práctica tu guardián puede sintonizarse con las oportunidades y sincronicidades adecuadas que se alinean con tus deseos. El filtro magnético te ayudará a percibir lo que crees.

Cree en lo invisible y pronto lo estarás viendo.

Un ejercicio para utilizar el filtro a tu favor

1. Tómate un momento para recordar algo que deseas manifestar. Puede ser un mensaje de texto de alguien, dinero extra, una señal de que estás en el camino correcto o tal vez un sentimiento (como el amor, la abundancia, la bondad o el éxito) que deseas aprovechar. Elige solo una de estas cosas.
2. Ahora, crea en tu mente una imagen clara de lo que elegiste y céntrate en eso. Permítete aceptar todos los sentimientos asociados con el hecho de tener, recibir o convertirte en esa persona. Imagínalo con todo detalle.
3. Ahora cierra los ojos, concéntrate en ello y siéntelo durante *al menos* 60 segundos.
4. Genial. Ahora que ya lo hiciste, repite esta afirmación: "Mente magnética, muéstrame evidencia de... *[lo que visualizaste]*".

5. Para finalizar, el último y esencial paso es tomar lo que visualizaste y escribirlo en un círculo en la parte superior de tu mano, para que puedas recordarlo durante el día. Cada vez que veas un atisbo del recordatorio en tu mano, repite para ti la afirmación: "Mente magnética, muéstrame evidencia de... *[lo que visualizaste]*". Y practica sentir como si ya hubiera llegado.

Este ejercicio aprovecha el poder de tu filtro magnético y la ilusión de frecuencia para ayudarte a sintonizar tu mente de modo que notes más lo que deseas en tu vida.

Todos los días, cuando te despiertes, reescribe lo que deseas en tu mano. Visualízalo con el ojo de tu mente, siente las sensaciones y repite la afirmación: "Mente magnética, muéstrame evidencia de... [lo que visualizaste]".

Haz esto durante 30 días y mantente abierto a las señales del universo.

Recuerda: en lo que te concentras se expande.

Recordatorios magnéticos

- Tu sistema de activación reticular ascendente (SARA), también conocido como filtro magnético, actúa como un poderoso algoritmo interno que filtra la gran cantidad de información del mundo para revelar más de aquello en lo que te concentras y en lo que crees.
- Un ejemplo de cómo funciona tu filtro magnético es la mayor conciencia de las cosas que notaste de manera reciente, lo que conduce al sesgo cognitivo conocido como ilusión de frecuencia, donde esas cosas de repente parecen aparecer en todas partes.
- En la manifestación, puedes aprovechar la ilusión de frecuencias afinando tu filtro magnético para guiar tu

mente hacia la detección de oportunidades que se alinean con tus deseos y objetivos, acercándote a la vida de tus sueños.

- Ver a alguien que tiene lo que anhelas no siempre es competencia, es tu SARA mostrándote más de lo que deseas ver.

10. El sistema nervioso

Introducción

¿Alguna vez has deseado poseer algo, solo para descubrir que la experiencia de recibirlo te deja la mente y el cuerpo abrumados por completo?

¿Te has esforzado para trabajar más duro, pero sientes que logras menos que nunca?

¿O quizá manifestaste una oportunidad de oro en tu película de visualización, pero te enfermaste y no pudiste llevarla a cabo?

La mente puede trabajar de manera incansable para "atraer" todas las cosas, pero si tu cuerpo no está preparado para lo que estás invocando, puede que el sistema nervioso rechace tus esfuerzos antes de que el cuerpo haya tenido la oportunidad de contenerlos.

Tu mente subconsciente siempre busca protegerte, por eso la seguridad lo es todo cuando se trata de manifestación. Pero la seguridad no es solo un pensamiento, es un sentimiento que debes personificar y mantener. Tus deseos deben sentirse seguros de llevar en tu cuerpo físico, para que sean receptivos a tus manifestaciones. Esto lo logras trabajando en la regulación y expansión de la capacidad de tu sistema nervioso.

El sistema de alarma interno del cuerpo

El sistema nervioso es tu aliado: es una intrincada red de comunicación formada por el cerebro, la médula espinal y una red de nervios que se extiende por todo el cuerpo. Piensa en él como un centro de mando cariñoso que, de manera constante, transmite señales entre el cerebro y el resto del cuerpo, lo que te permite moverte, sentir e interactuar con el mundo que te rodea. Ese centro de mando tiene un sistema de alarma sólido y proactivo que trabaja de forma continua para detectar posibles amenazas en tu entorno... y permanece alerta las 24 horas del día para garantizar tu seguridad y supervivencia.

Cuando surge una amenaza, el sistema nervioso reacciona y el sistema nervioso simpático se vuelve más activo. Eso desencadena la reacción natural del cuerpo al estrés, también conocida como la respuesta de "lucha o huida". La amígdala, tu "cerebro cavernícola", se pone en marcha y envía señales para que se liberen hormonas del estrés (cortisol y adrenalina). Como resultado, tu frecuencia cardíaca aumenta, tus músculos se tensan y tus sentidos se agudizan, en un esfuerzo por mejorar tus posibilidades de supervivencia.

Por otro lado, cuando tu sistema nervioso se siente seguro, en paz y a gusto, el sistema nervioso parasimpático toma el control. Entonces la frecuencia cardiaca se ralentiza, los músculos se relajan y tu cuerpo pasa a un estado de armonía interior, lo que le permite descansar, digerir, recibir y crear.

Visualización somática

Cuando percibo una sensación de incertidumbre en mi cuerpo con respecto a un sueño o una meta, recurro a una herramienta que desarrollé llamada "visualización somática". Esa técnica combina la estimulación bilateral con la autosugestión y el ensayo mental para ayudarte a calmar el sistema nervioso, mientras imprimes una sensación de seguridad, paz y calma en tus visiones del futuro. He aquí cómo hacerla:

1. Con las palmas hacia ti, cruza una mano sobre la otra y entrelaza los pulgares para crear una forma de mariposa. Coloca la mariposa sobre tu pecho.
2. Practica la técnica de visualización PDV que aprendiste mientras traes a tu mente algo que buscas manifestar y que tal vez parezca fuera de tu alcance en este momento.
3. Mientras visualizas, comienza a dar golpecitos simultáneos con cada palma (las alas de la mariposa) sobre tu pecho. Inhala y exhala con lentitud por la nariz mientras golpeas de manera lenta y rítmica con las palmas izquierda, derecha, izquierda y derecha hasta que sientas un cambio.
4. Hacia el final de la visualización, repite la autosugestión: "Estoy a salvo, soy digno y capaz".

Este ejercicio te ayudará a asociar una sensación de seguridad y relajación con la visualización elegida.

La tasa de rebote relajada

Uno de los conceptos erróneos que encuentro con frecuencia en el trabajo del sistema nervioso es la creencia de que es necesario permanecer tranquilo y relajado en todo momento.

Esto no es realista porque, como ser humano, es inevitable que experimentes todo el espectro de emociones en algún momento u otro. Sentir emociones no es algo que se pueda evitar, sino algo que hay que aceptar.

El objetivo del sistema nervioso y del trabajo somático no es mantener un nivel constante de regulación, sino tener las herramientas, la conciencia y las prácticas necesarias para volver a un estado regulado en el que estés tranquilo y en armonía.

Al concentrarte en tu tasa de rebote de regulación, en vez de esforzarte de manera constante por relajarte, te ofreces la compasión y la gracia para sentir tus emociones sin juzgarlas, al mismo tiempo que te das el poder para regresar a un estado de paz.

Herramientas para la regulación del sistema nervioso

La mayoría de las veces, los humanos no necesitamos otra dosis de café para "lograr más cosas"; lo que necesitamos es una dosis de regulación del sistema nervioso.

Piensa en estas herramientas magnéticas para la regulación del sistema nervioso como si fueran dosis de espresso para el alma, que brindan más serenidad que nerviosismo.

A veces, manifestar más requiere concentrarse en hacer menos. Para practicar estas herramientas en video conmigo, visita www.magneticbook.com/regulate.

TLE (Técnica de liberación emocional o EFT por sus siglas en inglés)

¿Alguna vez te has sentido abrumado por una emoción o atrapado en una creencia limitante? Si es así, la TLE podría ser una herramienta increíble para ti. En la TLE, se dan golpecitos en puntos meridianos específicos para ayudar a liberar y cambiar las emociones dentro del cuerpo.

Los puntos meridianos tienen su origen en la medicina china y se dice que son zonas específicas del cuerpo por donde fluye nuestra energía vital (también conocida como *qi*).

Aunque los puntos meridianos se han entendido de esta manera durante mucho tiempo, las investigaciones recientes sugieren que también puede haber un proceso físico en juego. Los hallazgos indican que el *tapping*, es decir, los golpecitos que se dan en puntos específicos, envían señales a través del tejido conectivo del cuerpo y a lo largo del sistema vascular primario, que se cree que está vinculado a los meridianos. Estas señales ayudan a desactivar el centro de estrés del cerebro, la amígdala, reduciendo la intensidad emocional.[6]

Cuando se combina con frases cargadas de emoción, este proceso ayuda a liberar o a reducir la intensidad emocional, lo que convierte a la técnica de liberación emocional (TLE) en una poderosa herramienta para la regulación de las emociones.

En lo personal, he tenido mucho éxito con la TLE, tanto en mí misma como con mis estudiantes. Es una práctica que me da una sensación de bienestar, expansión y ofrece resultados rápidos y efectivos para cambiar cómo me siento.

La investigación sobre la TLE está en curso, pero es prometedora. Los estudios indican que puede reducir con eficacia los niveles de ansiedad[7] y hormonas del estrés como el cortisol. Además, ha demostrado resultados positivos en el tratamiento de afecciones como el trastorno de estrés postraumático (TEPT) y en el control del dolor y la depresión.[8]

Relajación muscular progresiva

¿Alguna vez has sentido el cuerpo como si hubieras trabajado a toda marcha todo el día, a pesar de que estuviste sentado en tu escritorio, seguro, apagando incendios digitales? Cuando nos enojamos, pero no liberamos de manera física la energía, la tensión causa estragos en nuestro sistema nervioso. Si te sientes identificado con eso, la relajación muscular progresiva (RMP) podría ser justo lo que necesitas para reducir el estrés y la ansiedad que te frenan.

En la RMP aíslas cada uno de los grupos musculares y los aprietas de forma intencional con la mayor fuerza posible, antes de relajarlos y dejarlos ir. He aquí cómo practicarla:

1. Comienza por los pies. Inhala de manera profunda mientras doblas los dedos, arqueas el pie, tensas los músculos y cuentas hasta 10. Luego exhala con lentitud, permitiendo que los músculos se relajen durante otros 10 segundos.
2. Ahora pasa a la pantorrilla y parte inferior de las piernas. Inhala de manera profunda, tensa las pantorrillas durante 10 segundos y, después, suéltalas durante 10 segundos.
3. Repite este proceso de tensar y relajar para cada área de tu cuerpo.

Trabajo de respiración

Las técnicas de respiración profunda activan con eficacia el sistema nervioso parasimpático, lo que produce una reducción de la frecuencia cardiaca, una menor presión arterial y una disminución de los niveles de cortisol, la hormona del estrés.

Se ha demostrado que prácticas como la respiración alternada por las fosas nasales son eficaces para que el sistema nervioso parasimpático vuelva a un estado relajado después de un periodo de estrés. He aquí cómo hacerla:

1. Con la mano derecha, acerca el pulgar a la fosa nasal derecha para cerrarla con suavidad mientras exhalas por la fosa nasal izquierda.
2. Inhala con lentitud por la fosa nasal izquierda y ciérrala con el dedo anular.
3. Retira el pulgar de la fosa nasal derecha. Exhala lenta y por completo por la fosa nasal derecha.

4. Inhala por la fosa nasal derecha y luego ciérrala con el pulgar.
5. Retira el dedo anular de la fosa nasal izquierda. Exhala lenta y completamente por la fosa nasal izquierda.

Con esto se completa un ciclo. Repite esta secuencia de cinco a diez respiraciones y observa cómo se sienten tu cuerpo y mente.

Recordatorios magnéticos

- Cuanto más seguro te sientas acerca de algo que deseas, menos resistencia habrá al manifestarlo.
- A veces no necesitas un café, sino bajar el ritmo y regular tu sistema nervioso.
- Ser humano significa experimentar una amplia gama de emociones. El objetivo del trabajo del sistema nervioso no es evitar los sentimientos, sino equiparte con las herramientas para volver a un estado regulado, sin importar qué emociones surjan.

11. La mentalidad magnética

¿Qué es una mentalidad?

Una mentalidad es un conjunto de creencias, valores y suposiciones que consideras ciertas. Piensa en una mentalidad como la lente que tiñe la forma en que percibes el mundo que te rodea, es el marco que da contexto a todo lo que sucede o no en tu vida.

Tu mente contiene una gran cantidad de mentalidades... y muchas de ellas fueron programadas dentro de ti de manera inconsciente. La forma en que ves el mundo ha sido influenciada desde el momento en que naciste por las personas y los entornos que te rodean.

No todas esas mentalidades son beneficiosas para ti ahora, pero gracias al poder de la neuroplasticidad, tu mente está lejos de permanecer fija y puedes cambiar la lente a través de la cual ves el mundo.

Por qué es importante la mentalidad

Cambiar tu mentalidad puede ser una de las formas más poderosas para lograr cambios reales y tangibles en tu vida. Tus pensamientos ayudan a cocrear tu realidad. Y tu mentalidad con respecto a cualquier área de la vida es un factor clave que determina tus pensamientos sobre cualquier tema.

No es tu culpa que tu mente esté llena de formas de pensar que ni siquiera elegiste. Pero si no asumes la responsabilidad y empiezas a jugar con nuevas formas de pensar, ser y percibir, te perderás muchas cosas. Al reconocer las creencias más comunes y fundamentales que ya tienes sobre ti, comenzarás a comprender qué cambios potentes están a tu alcance.

Al realizar algunos ajustes simples en tu forma de ver el mundo, puedes alcanzar el máximo poder y expandir tu mente magnética.

La ciencia detrás de la mente magnética

- "Árbol que nace torcido, jamás su tronco endereza."
- "¡La gente nunca cambia!"
- "Yo nací así."
- "La gente como yo nunca podría tener..."

Mucha gente considera que estas creencias limitantes son "conocimiento común". Por fortuna, son incorrectas.

La capacidad que tiene el cerebro humano para cambiar y adaptarse a lo largo de la vida en respuesta a la experiencia significa que, en realidad, quiénes somos (y cómo pensamos) no es algo fijo.

Ser consciente de la capacidad de tu mente magnética para cambiar y transformarte te abre al potencial de moldear de manera consciente tu mentalidad para convertirla en un imán para los hábitos, las rutinas, los sentimientos y los comportamientos que te ayudan a crear la vida de tus sueños, sin importar tu edad.

He aquí una analogía visual para ayudarte a comprender la neuroplasticidad (la ciencia que explica el poder de la mente magnética).

> *Imagina tu cerebro como un hermoso, denso y abundante bosque de posibilidades. En él, hay muchos lugares*

> *que has explorado y muchos más que aún te quedan por descubrir.*
>
> *En ese paisaje interior, el cerebro crea y establece caminos, puntos de referencia y rutas preferidas, lo que te permite moverte con rapidez y facilidad. Cada vez que utilizas un camino, el sendero se vuelve más claro y accesible.*
>
> *Cuando se adquiere un nuevo hábito o se explora una nueva forma de pensar, el cerebro debe guiarnos hacia una nueva zona del bosque, desviándonos del camino establecido. Como es natural, cuando damos los primeros pasos en este terreno inexplorado, nos encontramos con cierta resistencia. Es un camino espeso y cubierto de maleza, ya que nunca hemos transitado por él.*
>
> *Pero con el tiempo, a medida que volvemos a recorrerlo con más frecuencia, comienza a formarse un sendero natural que nos permite encontrar el camino con más facilidad.*

En esta analogía visual, a veces, abrir un nuevo camino a través del bosque puede resultar frustrante y confuso. Pero recuerda que tu mente magnética tiene el poder de remodelar pensamientos, sentimientos y conductas automáticas, hasta que el viaje que tienes por delante se vuelva más eficiente y sencillo.

Reprograma tu mentalidad

Una forma para cambiar de manera positiva tu vibración y mejorar el poder de tu mente magnética es incorporando la práctica de la gratitud a tu vida.

Una práctica sencilla que adopté para reprogramar mi mente magnética y sentir más gratitud fue dejar el viejo hábito de quejarme de manera automática sobre mi día con las personas más cercanas. Solía destacar todo lo que salía mal y desahogarme sobre todas las cosas que me sacaban de quicio. Mis seres queridos se sumaban a mí y se quejaban de su día, lo que creaba un círculo vicioso de negatividad.

Con el tiempo, ese comportamiento creó un camino sólido hacia la queja habitual dentro de mi mente magnética y dentro de quienes me rodeaban. Ese camino se reforzó con la repetición diaria, lo que lo convirtió en la ruta más fácil de tomar, incluso si no era la más benéfica.

Es importante reconocer que el camino de la queja no te acercará a tus deseos. Si anhelas atraer más felicidad, amor y abundancia a tu vida, necesitas reprogramar tu mente magnética y elegir la gratitud en lugar de la queja.

El primer paso para reprogramar el cerebro consiste en tomar una decisión consciente.

El siguiente paso es tomar esa decisión de forma constante y repetida cada vez que se presente la oportunidad. Así fue como rompí el patrón de quejarme. Empecé a usar el hecho de ver a mis seres queridos después del trabajo como una señal para practicar la gratitud. Lo hacía solo preguntándoles "¿Qué ha ido bien hoy?" o "¿De qué estás agradecido?" cuando los veía por primera vez. Conectar con tus seres queridos a través de la gratitud puede resultar extraño al principio porque estás muy acostumbrado a crear vínculos a través de las quejas. Pero a medida que sigas practicando, esta nueva forma de pensar se convertirá de manera gradual en la vía automática para tu mente magnética. La antigua forma de quejarse siempre será accesible, pero después de un tiempo, parecerá menos atractiva y ya no será la primera opción de la mente.

Mentalidad de crecimiento

El descubrimiento de la neuroplasticidad más allá de la edad adulta y la increíble capacidad del cerebro para expandirse de manera continua sustentan el estudio de lo que ahora se conoce como mentalidad "fija" *versus* mentalidad "de crecimiento". Esas dos mentalidades representan dos formas de pensar.

- En la mentalidad fija crees que tu inteligencia, tus habilidades y tus capacidades ya están definidas.
- En la mentalidad de crecimiento crees que tienes la capacidad de expandirte y evolucionar a través del esfuerzo, la comprensión y la práctica.

Todos tenemos tendencias de mentalidad fija y de crecimiento relacionadas con la manera en que nos sentimos como individuos acerca de nuestras habilidades y lo que es posible para nosotros. Si crees que puedes crecer y que tus habilidades pueden cambiar a través del trabajo, el esfuerzo o la energía que pones en una nueva área de tu vida, entonces estás adoptando una mentalidad de crecimiento en esa área particular de tu vida. Tu realidad exterior se expandirá en correlación directa con tu creencia interna en tu capacidad de expansión. La doctora Carol S. Dweck, pionera en la investigación de la mentalidad de crecimiento, inspiró mi marco de trabajo de la Reestructuración de Crecimiento Elevado, que te ayudará a convertirte en un imán para el crecimiento con estos cinco pasos.

Elige tus elevadores

Para que los siguientes pasos sean efectivos, primero debes identificar tus "elevadores magnéticos". Un elevador es alguien que ha logrado un crecimiento elevado en un área en la que buscas sobresalir. Piensa en ellos como modelos a seguir o mentores: personas que te inspiran a soñar en grande y expandir tu mentalidad, creyendo en tu potencial para crecer. Un elevador podría ser un padre, un amigo sabio, incluso un influencer o líder de opinión. Puedes tener diferentes elevadores para las distintas áreas de la vida.

> **CONSEJO:** los mejores elevadores son a los que tienes acceso, ya sea en persona o en línea. Elige uno cuyos libros, pódcasts o materiales puedas consumir, lo que te permitirá comprender su mentalidad y cómo piensa. Una vez que identifiques tu elevador, estarás listo para avanzar a los siguientes pasos.

Paso 1. Decide en qué área de la vida quieres experimentar crecimiento

Cuando reflexiones sobre tu salud, riqueza, felicidad, carrera y relaciones, ¿qué área deseas mejorar en este momento? ¿Qué objetivo o resultado específico anhelas lograr? Una vez que hayas identificado esa área, elige a alguien que conozcas (o de quien sepas cosas) que pueda servirte de "elevador" en esa área.

Paso 2. Empieza a observar tu diálogo mental relacionado con el área en la que quieres crecer

En una hoja de papel nueva, escribe y enumera todos los pensamientos (diálogo interno) fijos y limitantes que tienes sobre esa área. Observa que esos pensamientos no son tuyos, solo son un eco de tus experiencias pasadas. Esa voz de mentalidad fija no habla sobre tu potencial, sino que comparte lo que cree que es verdad en función de los recuerdos almacenados de experiencias pasadas.

El diálogo de mentalidad fija puede sonar así:

- "No soy bueno en... *[insertar habilidad]*"
- "¿Qué pasa si fallo?"
- "¡Soy pésimo en esto!"
- "Si tan solo pudiera ser tan bueno como... *[insertar persona con la que te comparas]*"

Sigue escribiendo hasta que todos los pensamientos internos estén en papel.

Paso 3. Ponte en la mentalidad de tu elevador

Tómate un pequeño descanso, sal a caminar o sacúdete un poco de energía durante unos minutos, y luego regresa a tu trabajo. Antes de volver a leer tu diálogo interno, cierra los ojos y visualiza al "elevador" que elegiste en el Paso 1. Imagínate poniéndote en su lugar y viendo la vida como él la ve. Este paso se trata de "elevar tu mentalidad". Aprovecha tu poderosa imaginación, entra en el mundo del "qué pasaría si..." y diviértete viendo el mundo desde una perspectiva nueva y elevada.

Abre los ojos, observa tu diálogo interno de mentalidad fija a través de la lente de tu elevador y luego escribe una respuesta orientada al crecimiento. Esas respuestas deben reflejar un lenguaje consciente para codificar tu mente subconsciente y producir los resultados deseados.

Declaraciones de mentalidad fija y limitada	Tu elevador respondería
No puedo cambiar.	Estoy cambiando de manera constante.
No soy lo suficientemente bueno.	Estoy mejorando y evolucionando de forma continua.
¿Qué pasa si fracaso?	Todo fracaso es una retroalimentación.
No soy bueno hablando en público.	Me convertiré en un mejor orador con la práctica.
No soy una persona creativa.	La creatividad puede desarrollarse, la fomentaré.
No soy bueno en matemáticas.	Las matemáticas son una habilidad que puede aprenderse.
No quiero pedir ayuda, eso demuestra debilidad.	Pedir ayuda es una fortaleza, acelera mi progreso.
Me doy por vencido, esto es demasiado difícil.	Esto es un reto, pero seguiré intentándolo.

Paso 4. Reprograma tu mentalidad fija

Cuando notes que tu mente se desliza hacia una mentalidad o un diálogo interno antiguos y fijos, úsalo como una señal para interrumpir el patrón diciendo "shhhh" o contando hacia atrás (5, 4, 3, 2, 1) dentro de tu mente. Luego, reemplaza de inmediato el pensamiento con la voz del elevador que elegiste y su poderosa mentalidad de crecimiento. Continúa haciendo esto cada vez que surja tu voz fija, usando el poder de la repetición y el diálogo interno positivo para reprogramar tu mente subconsciente.

Paso 5. Toma medidas elevadas

Por último, es hora de actuar como si fueras tu elevador cuando surgen desafíos. Si tu elevador es alguien que ve el fracaso como retroalimentación, aplica esta mentalidad elevada a tu vida. En lugar de rendirte ante el fracaso y darte por vencido, elige ver los fracasos percibidos como oportunidades de mejora y vuelve a intentarlo.

Un ejemplo magnético

Mientras escribía este libro, me enfrenté a una serie de retos personales que me obligaron a cambiar mi mentalidad. Uno de esos obstáculos fue tener que mudarme de manera inesperada en plena fecha de entrega del manuscrito. Cuando ese desafío apareció, me descubrí atrapada en una mentalidad fija que reflejaba las creencias de quienes me rodeaban (se supone que es superdifícil encontrar una propiedad en renta en el mercado actual). Sintiéndome a prueba, supe que necesitaba cambiar mi perspectiva.

Recurrí a la autora bestseller del *New York Times* Gabrielle Bernstein como mi elevador. He sido una estudiante devota de Gabby durante años y, tras conocerla en persona y asistir a sus talleres, sabía que ella personifica la sabiduría que comparte. Una de sus enseñanzas fundamentales es que *los obstáculos son oportunidades y desvíos que nos llevan en la dirección correcta*. Ese fue con exactitud el replanteamiento del crecimiento que necesitaba durante mi época de dudas.

Cada vez que un nuevo lugar se me escapaba durante la búsqueda, o me daba cuenta de que me sentía estresada por la falta de lugares disponibles, contaba 5, 4, 3, 2, 1 y me recordaba que ese obstáculo era una oportunidad y un desvío en la dirección correcta. Poco después de hacer este cambio de mentalidad de Crecimiento Elevado, encontré un alquiler recién publicado rodeado de árboles, con vista al mar, donde escribí muchos de los capítulos clave de este libro. Lo que parecía un obstáculo resultó ser una redirección a algo mucho mejor: mi cabaña magnética para escribir, con vista al agua, que ofrecía un espacio amplio y elevado que se sentía incluso más alineado que el que perdí.

Afirmaciones para el crecimiento magnético

¿Alguna vez has creado afirmaciones con palabras como "increíble", "mejor" y "talentoso"? Si es así, quizá te estén impidiendo seguir creciendo.

Las etiquetas de desempeño basadas en la identidad pueden no ser tan benéficas para tu crecimiento como crees; en realidad, pueden tener un efecto inverso y, a largo plazo, socavar tu desempeño.[9]

Cambia los elogios basados en la identidad por elogios basados en verbos o en el esfuerzo que celebren tu progreso, energía y actitud hacia lo que sea que estés haciendo.

Ejemplo: "Soy increíble en lo que hago" (mentalidad fija) versus "Mi dedicación a la práctica mejora de manera constante mi desempeño" (mentalidad de crecimiento).

Cuando elogias el esfuerzo, te magnetizas al crecimiento continuo en esa área. Por otro lado, elogiar la identidad te lleva a una mentalidad fija y no deja espacio para el crecimiento.

No siempre puedes controlar tu desempeño diario, porque hay muchas variables en juego, pero sí puedes controlar tu actitud, el esfuerzo y la energía que pones en lo que haces.

La realidad es que no podrías dejar de cambiar ni aunque lo intentaras, ya que cada parte de ti está evolucionando y recreándose, segundo a segundo. Por lo tanto, cambia tu perspectiva a una mentalidad de crecimiento y crea el espacio necesario para ver de lo que eres en realidad capaz.

Elección del marco de crecimiento

Tu cerebro está programado para centrarse en lo que puedes perder en lugar de en lo que puedes ganar. Eso sucede porque la mente subconsciente siempre trata de mantenerte a salvo. Aunque tiene buenas intenciones, a veces, la forma en que está programado el subconsciente nos impide alcanzar el crecimiento que buscamos.

En su charla TED, "A Simple Trick to Improve Positive Thinking" ("Un simple truco para mejorar el pensamiento positivo"), la profesora Ledgerwood analizó si nuestra mente se queda estancada en lo negativo.[10] Documentó sus hallazgos en múltiples estudios que muestran que, de manera mental, a los humanos les resulta más difícil convertir las pérdidas en ganancias que a la inversa. Esa tendencia mental crea algo denominado el "marco de pérdida", que representa el sesgo fundamental de la mente a inclinarse hacia lo negativo.

Ahora que sabes esto, pon tu vida en perspectiva: supongamos que estás en una reunión con el gerente y recibes retroalimentación positiva. Como es natural, esos comentarios te hacen sentir bien y realizado. Pero antes de que termine la reunión, el gerente también destaca en qué aspectos no dando el ancho. Al salir de la reunión, te quedas con comentarios tanto positivos como negativos. ¿Cuáles permanecen más en tu mente? La mayoría de las veces, la respuesta será: los negativos.

Ese enfoque excesivo en lo negativo pudo ser útil para la humanidad en épocas en las que la paranoia y el estado de alerta máxima eran lo que nos mantenía con vida. Pero nuestra realidad ya no es así y el hecho de resaltar lo que podría salir mal secuestra la mente y te impide ver lo que, de hecho, está saliendo muy bien.

La moraleja es: el cerebro trabaja más para cambiar a una perspectiva positiva. Por defecto, adoptar una mentalidad positiva o de crecimiento requiere esfuerzo, pero ese esfuerzo viene con una gran recompensa en la forma en que vemos el mundo, nuestras vidas, incluso nuestro potencial. Casi todo lo que pasamos en la vida se reduce a cómo elegimos percibirlo.

Recordatorios magnéticos

- Las mentalidades no son fijas, actúan como lentes a través de las cuales percibes diferentes áreas de tu vida, influyendo en tus pensamientos, creencias y acciones.
- Uno de los cambios de mentalidad más empoderadores que puedes hacer es pasar de una mentalidad fija a una de crecimiento.
- Un "elevador" es alguien con una mentalidad orientada al crecimiento en un área en la que te sientes estancado. Puede ayudarte a replantear tu mentalidad y fomentar el crecimiento en esa área.
- Al utilizar el marco de trabajo de Reestructuración de Crecimiento Elevado, puedes alterar una mentalidad fija contando 5, 4, 3, 2, 1 y reemplazándola con una respuesta de crecimiento elevado.
- Cuando buscas crecer en cualquier área de la vida, centrarte en el esfuerzo en vez de en la identidad te mantiene en el camino del crecimiento y el desarrollo continuos.
- Cuando la mente se fija en la pérdida de algo, tiende a quedar atrapada en un "marco de pérdida", lo que dificulta ver la ganancia.

12. Tu autoconcepto

Tu autoconcepto es el GPS interno que tu mente magnética utiliza para rastrear dónde estás y guiarte hacia dónde vas. Todos tenemos un autoconcepto único dentro de la mente subconsciente, que se compone de una colección de creencias, imágenes e ideas que consideramos verdaderas sobre nosotros. A medida que avanzas en la vida, tu mente hace referencia de manera constante a tu mapa interno en segundo plano.

Pero el mapa interno no siempre es el mejor y, como resultado, puede llevarte por el camino equivocado si no está actualizado. Eso sucede porque tu autoconcepto solo funciona dentro de los límites que te has impuesto, y la mayoría de esos límites se establecieron de forma inconsciente en la infancia, antes de que supieras de lo que eras capaz y de que fueras consciente de tu libre albedrío.

Si deseas expandirte más allá de tus limitaciones percibidas, necesitas actualizar tu autoconcepto. Para ello, necesitas entender cómo funciona.

El autoconcepto en formación

Desde el nacimiento hasta los siete años, la mente subconsciente registra de manera constante tus interacciones con el entorno externo y las personas que te rodean, creando y almacenando un modelo para tu vida.

Esas experiencias de la infancia (y cualquier otro momento crucial) empiezan a marcar el rumbo de tu vida. Si no las cuestionas, seguirás pensando, sintiendo, actuando y atrayendo en consonancia con los valores, creencias y percepciones de cuando eras niño. La mayoría de esos marcadores de la infancia no coinciden con todo tu potencial y, como resultado, te ves limitado por quién crees que eres y que no eres, sin importar quién podrías ser.

Intentar atraer lo que deseas y convertirte en la persona que anhelas, mientras te aferras a un autoconcepto que te limita, es como usar mapas antiguos en una ciudad contemporánea. Tu GPS moderno se encontrará con un obstáculo tras otro. Si te sientes un impostor, perdido o en peligro, es porque tu mapa interno no ha alcanzado a la persona que eres hoy. En cuanto actualices tu mapa interno, redefinirás tus límites y liberarás tu verdadero potencial.

Tus mapas magnéticos

Dentro de tu mente magnética hay dos mapas. Vamos a visualizarlos.

Mapa #1. El mapa del pasado

El primer mapa muestra tu autoimagen y refleja cómo te percibes en la actualidad. Este mapa revela tus pensamientos e imágenes internas relacionadas con las experiencias pasadas y expectativas sobre ti, y tu recorrido hasta llegar a dónde estás ahora.

Mapa #2. El mapa del futuro

En el segundo mapa interno, ves una versión futura brillante y vibrante de ti y la dirección en la que deseas que vaya tu vida. Este mapa representa tu autoimagen elevada.

A medida que progresas en la vida y te fijas nuevas metas, este mapa interno se actualiza.

Tus mapas internos afectan en gran medida tu nivel de magnetismo. Estos mapas utilizan como puntos de referencia las imágenes mentales que tienes sobre ti. Cuando cambias tu autoimagen, transformas tu identidad y, como resultado, lo que atraerás.

Eleva tu autoconcepto

Una de las formas más eficaces de "mejorar" tu autoconcepto es visualizar a tu yo elevado y alinear tus pensamientos y conductas con esa nueva autoimagen.

Cuando lo que se describe en tu primer y segundo mapa difiere, tienes una sensación natural de desajuste, que afecta tu autoestima. Cuando la brecha entre tu autoimagen actual y tu autoimagen elevada del futuro es demasiado grande, experimentas sentimientos de no ser lo suficientemente bueno, de dudas de ti mismo, e incluso de autocrítica.

Aquí entra en juego la fuente de poder suprema de la mente magnética: el amor. Tu amor por ti, cómo eres y cómo evolucionas, es crucial para que la mente magnética funcione de la mejor forma.

Todos llegamos a este mundo como seres completos, llenos de alegría y de amor ilimitado. Al separarnos del poder del amor a través del autojuicio, nos desconectamos de nuestra verdad. Cuando regresamos al amor, accedemos a un pozo infinito de la energía del origen que nos guiará, apoyará y nos empoderará a través de los inevitables altibajos de la experiencia humana. En la siguiente sección de este libro, analizaremos más formas de acceder al amor propio.

Convirtiéndome en mi yo elevado

Antes de escribir este libro, forjé de manera consciente un nuevo concepto de mí, como autora con una editorial de prestigio. Pero mientras albergaba ese sueño en mi mente, mi autoimagen real estaba lejos de ser la de una escritora talentosa. Soy una persona disléxica que sufrió acoso escolar durante toda la infancia (por tener una discapacidad de aprendizaje). En el colegio, asistí siempre a la "clase de educación especial"; como resultado, la programación subconsciente asociada con mis habilidades de escritura no apoyaba mis deseos conscientes.

Consciente de ello y reconociendo la clara brecha que había entre cómo me veía y cómo debía imaginarme, empecé a tomar medidas para cerrar esa brecha. Empecé a escribir con regularidad y a leer más que nunca. Invertí en un curso en línea sobre cómo escribir una propuesta de libro profesional impartido por un destacado autor de libros de autoayuda. Incluso contraté a un redactor para que me ayudara a escribir y corregir mi trabajo. Después de escribir mi primera propuesta, la envié por correo electrónico a todas las agencias literarias del Reino Unido, imaginándome a mi "yo ideal" con un contrato editorial internacional. De todos los correos electrónicos que envié, solo me respondió un agente literario, que luego se convirtió en mi agente. Incluso sin un contrato para publicar un libro, tener un agente cambió mi autoimagen y aumentó mi autoestima. Usé esa nueva evidencia de mi potencial para seguir actualizando mis mapas internos, seguí escribiendo, visualizando y pensando como una escritora, actuando como si ya fuera mi yo elevado. Mi devoción por convertirme en una autora publicada y mi amor por la escritura cambiaron mi autoconcepto, lo que alteró mi energía. La nueva vibración que estaba emitiendo magnetizó una nueva realidad.

Nunca olvidaré ese primer encuentro con mi editor actual. Vestida como mi yo elevada, con los pantalones morados de mi amiga y su bolso de diseñador. Como muestra de buena suerte, llevé conmigo una edición clásica encuadernada en cuero de *Psico-Cibernética*, que resulta ser un libro que trata sobre el poder del autoconcepto. Recuerdo de manera vívida haberlo leído en el metro de Londres y haber imaginado cómo sería escribir un libro capaz de tener el mismo impacto poderoso en la vida de las personas.

Poco tiempo después, conseguí un contrato para publicar un libro, el que estás leyendo ahora mismo. Así de poderoso puede ser un autoconcepto claro cuando se combina con el amor propio y la acción alineada.

Vuélvete magnético a tu futuro elevado

En la vida, necesitas entender que, cuando se trata del autoconcepto, no puedes confiar en que alguien más te proporcione un concepto claro y poderoso, y nadie más debería hacerlo. Tú debes definir y expandir de forma consciente tu autoconcepto como adulto, tú eres responsable de la dirección que tome tu vida. El libre albedrío es uno de los mayores dones como ser humano y debes ejercitarlo.

Las imágenes, creencias y valores que tienes en la mente son la brújula que usa el universo para guiarte en la dirección que has elegido. Por lo tanto, si no te gusta el rumbo que está tomando tu vida, necesitas crear de manera consciente un nuevo autoconcepto.

En otras palabras, es hora de actualizar tus mapas.

Cambia tu identidad

Si notas una gran brecha entre quién eres y quién deseas ser, una de las formas más rápidas de mejorar tu futuro es centrarte en hacer cambios basados en tu identidad. Es importante alinear la visión con la acción.

- Si tu yo elevado se viste de una forma más sofisticada que la actual, entonces un cambio basado en la identidad podría ser seleccionar tu guardarropa para reflejar ese sentido elevado del estilo.
- Si tu yo elevado es corredor, un cambio de identidad implica unirse al club de corredores de tu vecindario los sábados por la mañana, comenzar una rutina de correr regular y rodearte de otros corredores.

Pregúntate: "¿Cuáles son los hábitos, rutinas y rituales de mi yo elevado? ¿Cómo se viste y qué colores usa? ¿Qué come y cómo pasa su tiempo libre? Y lo más importante, ¿cómo se siente esta versión elevada?".

Comprométete hoy a hacer un cambio basado en tu identidad para convertirte en tu yo elevado ahora.

Paso de acción: crea una película de visualización de tu yo elevado en un tablero de visión y mírala todos los días. Recuerda, quien has sido no define en quién te convertirás. Tú eres el creador de tu realidad.

Recordatorios magnéticos

- Tu autoconcepto es el modelo interno formado por las creencias e ideas que tienes sobre ti, muchas de las cuales son límites subconscientes establecidos en la infancia.
- Para cambiar lo que atraes, debes actualizar tu autoconcepto para que se alinee con el yo que deseas.
- Cerrar la brecha entre tu yo actual y el yo que deseas requiere implementar cambios basados en la identidad que se alineen con la persona en la que anhelas convertirte.

13. Emociones

El manejo de las emociones es un tema importante que suele malinterpretarse. Cuando las personas piensan en sentirse magnéticas y atraer más de lo que desean, por lo general se concentran en sentir más alegría. Aunque las emociones de alta vibración son claves para elevar tu vibración, obligarte a sentirte feliz cuando, en el fondo, puedes estar reprimiendo la tristeza (o sentimientos de ansiedad y falta de seguridad) no te dará el resultado que esperas.

Un enfoque magnético equilibrado es aquel en el que aprendiste a aceptar y expresar todas las emociones que vienen con la experiencia humana, a abrazar todas sus facetas y transformarlas en auténtica autoexpresión.

La información emocional

Aunque experimentamos nuestras emociones en el momento presente, gran parte de lo que sentimos es una repetición de experiencias pasadas memorizadas. Piensa en tus emociones como los datos en línea y las *cookies* almacenadas en tu mente y cuerpo. De manera similar a cómo tu navegador web registra el historial en línea, tus sentimientos almacenan información sobre los lugares en los que has estado de forma emocional, son un registro del pasado, vinculado a cómo procesaste y experimentaste esos momentos en tu vida.

¿Alguna vez, al enfrentarte a la misma situación, experimentaste una reacción emocional completamente diferente a la de un amigo o pareja? Quizás algo te estresó y te hizo perder el control, mientras que el amigo o pareja permaneció relajado por completo y sin inmutarse por el mismo giro de los acontecimientos.

Pensando en las emociones, al comparar datos e información entendemos por qué dos personas pueden tener la misma experiencia, pero exhibir dos reacciones emocionales muy diferentes.

Cómo trabajar con tus pendientes magnéticos

Todos tenemos diferentes recuerdos y experiencias de vida. Crean el contexto de nuestras reacciones ante cualquier cosa que suceda en el aquí y ahora, ya sea importante o pequeña. La buena noticia: las emociones se modifican a medida que desarrollamos agilidad emocional. Eso nos permite alterar la forma en que interpretamos y sentimos los acontecimientos, modificando así los datos que almacenamos.

La primera vez que uno de los videos de mi pódcast se volvió viral, estaba en casa de una amiga. Recuerdo que cuando actualicé el feed, empezó un flujo constante de comentarios negativos. En lugar de mensajes positivos de mi habitual familia espiritual y de mente abierta, un grupo de completos desconocidos desataba su odio. Fue una montaña rusa emocional agotadora.

Podría haber interpetado que "volverse viral" y "ser visto" era algo dañino e inseguro, pero siempre tuve grandes sueños y me encanta compartir mi trabajo con los demás, así que sabía que tenía que hacer el esfuerzo de cambiar mi perspectiva y replantear la experiencia negativa. Para ello, trabajé en regular mi sistema nervioso, practicando la TLE (técnica de liberación emocional) y hablando con mi niña interior para hacerle saber que estaba bien salir de nuestra zona de confort.

Tu mente magnética rechazará de manera inconsciente cualquier cosa que perciba como una amenaza a tu seguridad o que te cause dolor emocional, a menos que hagas el trabajo de replantear la experiencia. Eso se debe a que la prioridad número uno de tu mente subconsciente, por encima de todo, es mantenerte a salvo y con vida. Si crear contenido en línea equivale a sentir que un tigre te persigue, entonces adivina qué: tu subconsciente hará todo lo posible para sabotearte y evitar que te vean porque, en lo emocional, asociaste esa experiencia con una falta de seguridad.

Cuando coloreamos nuevas experiencias con reacciones emocionales aprendidas que, por naturaleza, nos quitan poder, arruinamos la posibilidad de sentir algo nuevo. Cortamos los poderes magnéticos y socavamos las infinitas posibilidades que tenemos a nuestra disposición dentro del campo cuántico. En lugar de elegir experimentar algo nuevo, seguimos viviendo la vida como un registro del pasado, repitiendo las experiencias, pensando los mismos pensamientos y sintiendo los mismos sentimientos.

Recuerda que no eres tu pasado. El pasado ya pasó, ya no es lo que eres y no te define.

Tus emociones tampoco deberían definirte. Puedes ser quien quieras ser.

Súbete a la montaña rusa

Con frecuencia, el espacio de manifestación parece celebrar las buenas vibraciones y condenar las malas, como si estar felices todo el tiempo fuera lo que nos hace completos y estar tristes nos hiciera incompletos. De manera natural, deseamos creer que el secreto para vivir una vida magnética es sentir amor y luz. Pero eso lleva a condenar lo que muchas veces se etiqueta como emociones "malas" o "negativas", rechazando así partes de nosotros que buscan amor y aceptación.

Quiero que sepas que no hay nada de malo en experimentar emociones como la tristeza, la ira, el dolor o la frustración. Todos los sentimientos son válidos y necesitas acceder al espectro de la experiencia humana si anhelas convertirte en una fuerza magnética para todo lo que deseas. Estás aquí para ser humano y la experiencia humana es una llena de contrastes, tiene lo bueno y lo malo.

Es seguro permitirte sentir los sentimientos y dejar que fluyan a través de ti sin juzgarlos. Cuando rechazamos nuestras emociones "inferiores", rechazamos todo el espectro de la experiencia humana, que, sin duda, es algo que debe apreciarse. La ruta para ser tu yo más magnético no es forzarte a estar en un estado de felicidad todo el tiempo (incluso si fuera posible). No manifestarás solo aparentando estar feliz, contento y alegre cuando, en el fondo, reprimes en secreto el dolor, la tristeza y la oscuridad. Una de las claves para volverse en verdad magnético es ser auténtico. Y vivir de forma auténtica comprende toda una gama de sentimientos.

El río emocional

Visualiza tus emociones como ríos de información. Hay ríos individuales de ira, decepción, frustración, paz, felicidad, amor y alegría, todos fluyendo dentro de ti. Cuando tu río emocional corre libre, el agua permanece clara y llena de vida. Pero cuando se bloquea, se estanca y crea un pantano con el tiempo.

Si uno de tus ríos emocionales se bloquea, la presión de las emociones reprimidas provoca síntomas físicos como estrés, dolor y mala salud.

Una acumulación en uno de tus ríos emocionales también puede contaminar los demás. Por ejemplo, un desbordamiento de ira reprimida podría impedirte experimentar el flujo libre de la felicidad.

Con el tiempo, si la acumulación de una emoción se vuelve demasiado fuerte, podría hacer que te sientas como si te estuvieras ahogando en un mar de tristeza, vergüenza o ira a medida que te sientes abrumado por un exceso de esa emoción.

Intenta no aferrarte a ellas ni almacenarlas, el secreto es dejarlas fluir. Tu aura magnética está en su mejor estado cuando permites que tus ríos emocionales fluyan con libertad.

Supresión y amplificación

¿Alguna vez reprimes tus emociones y descubres que vuelven a aparecer con el tiempo? Las investigaciones sobre la supresión emocional muestran que cuando las emociones se apartan o ignoran… se amplifican.[11] Por eso, enterrar la ira o contener lo que sientes puede llevarte a un arrebato.

De manera inconsciente, a muchos nos enseñaron a adoptar y aceptar la supresión emocional. Todos deseamos ser amados y aceptados por quienes nos rodean, pero debemos reconocer que la verdadera aceptación no viene de afuera, sino de adentro.

Vivimos en una sociedad donde se perdona el pensamiento de que reprimir tus emociones y mantenerlas bajo llave hará que los demás te quieran más. Aunque expresar los sentimientos puede dar lugar a que los demás te juzguen, también conlleva algo mucho más importante: la aceptación de ti. En lugar de reprimir nuestras emociones, la vulnerabilidad es, de hecho, donde encontramos nuestra verdadera fuerza.

La única persona que puede rechazarte de verdad eres tú. Nadie más es tu dueño ni determina tu valor (el amor y el valor son tesoros internos que posees). Cuando te aceptas y expresas tus emociones sin juzgarlas, solo dejándolas pasar, experimentarás un verdadero amor por todo lo que eres. No solo eso, desarrollarás resiliencia, crearás espacio para la verdadera felicidad y te convertirás en la versión más auténtica de ti, que también es la versión más magnética de ti mismo.

Crea flujo emocional

Los psicólogos clasifican las emociones en "primarias" y "secundarias". Las primarias (tipo 1) son las que sentimos durante una experiencia, mientras que las secundarias (tipo 2) son las que sentimos en respuesta a los pensamientos y juicios sobre esos sentimientos.[12]

Vamos a analizarlo a detalle. Imagina este escenario:

> *Te pidieron que hagas una presentación en el trabajo frente a toda la empresa. El día de la presentación, sientes nervios y estrés por cómo resultará. Esa es una reacción válida y una respuesta habitual a subir al estrado.*
>
> *Tus compañeros de trabajo, al verte estresado, intentan "hacerte sentir mejor" diciéndote que dejes de sentirte nervioso y asegurándote que no hay nada de qué preocuparse. Así que ahora no solo estás estresado y nervioso, sino que también experimentas vergüenza y bochorno por sentirte estresado. Ahora estás en un bucle, sintiendo que vas a vomitar por el estrés que te genera la idea de subir al estrado, combinado con la vergüenza que te produce sentirte nervioso.*

En este escenario, el nerviosismo inicial que experimentaste mientras te preparabas para subir al estrado era una emoción normal y natural (tipo 1) que pudo pasar desapercibida si la hubieras aceptado, presenciado y observado mientras recorría tu cuerpo. En cambio, tus emociones (tipo 2) de vergüenza y bochorno dieron lugar a una experiencia amplificada que siguió cayendo en espiral.

Cuando nos quedamos estancados en esos dos tipos de emociones, prolongamos sentimientos que preferiríamos liberar; esos sentimientos atraen más experiencias y sentimientos, iguales a cómo nos sentimos de manera predominante.

La ley de atracción funciona leyendo tu vibración predominante, que es una acumulación de tus pensamientos y sentimientos principales. Por eso es tan poderoso dejar que las emociones que no queremos que permanezcan fluyan a través de nosotros, en vez de dejar que definan quiénes somos.

Cómo transitar las emociones

Redirecciona tu atención

Respirar hondo desde el abdomen puede activar el sistema nervioso parasimpático, lo que te permitirá relajarte y descansar. Cuando surjan emociones intensas, pon toda tu atención en tu respiración y concéntrate en llevarla profundamente a todo tu cuerpo.

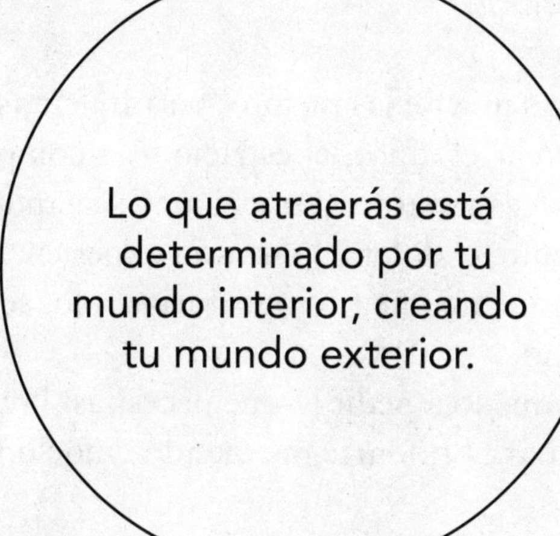

Observa tus sentimientos

Practica ser el observador de tu mente y reconoce que no eres tus emociones. Eres un ser humano que experimenta emociones, pero no eres las emociones que experimentas, eres el observador de ellas.

Siempre que surja una emoción grande, di: "Solo es un sentimiento, no soy yo".

Acepta tus emociones

Puedes aceptar una emoción sin atribuirte esa identidad. Acepta la presencia de emociones como la ira sin envolverte en una historia de que eres una persona enojona. Las emociones no son fijas ni permanentes, se mueven. No eres las emociones que experimentas, eres el observador de ellas.

Puedes aceptar tus emociones sin darles un significado más profundo.

Sé amable contigo

La compasión es una de las mejores herramientas que puedes utilizar para crear el amor, el espacio y la comprensión que necesitas para gestionar tus emociones. Cuando reconoces que el sufrimiento, el dolor y la ira son experiencias humanas compartidas y que no puedes soportarlas solo, se produce un cambio inmenso.

No tengas miedo a pedir lo que necesitas. Practica el acto de reeducarte para brindarte el cuidado emocional que estás buscando.

Cómo amplificar lo positivo

Aunque es saludable sentir la gama completa de emociones, permanecer en la negatividad no te impulsará hacia tus metas. Las emociones de alta vibración, como la gratitud, el amor, la alegría, el aprecio, la pasión y la libertad, son tus amigas cuando se manifiestan, ya que te alinean con la versión de ti que posee lo que deseas.

Elegir pensar de manera más positiva es una forma de amplificar las emociones de alta vibración y elevar la tuya de manera integral. Comienza con estos cinco pasos.

1. Sintoniza con el espacio de tu corazón

Aunque tu mente es una poderosa creadora, tu corazón amplifica esas creaciones. Es una verdadera central eléctrica, que genera el mayor campo electromagnético de tu cuerpo. De hecho, el campo eléctrico producido por tu corazón es unas 60 veces más fuerte que el de tu cerebro.[13] Una de las formas de aprovechar este poder es sincronizando tu corazón, tu mente y tu sistema nervioso a través de un proceso conocido como coherencia del corazón. Las investigaciones del Instituto HeartMath demuestran que cuando el corazón, el cerebro y el sistema nervioso están en armonía, no solo mejora el bienestar emocional, sino que también fortalece la capacidad de resiliencia y aumenta la felicidad en general.[14]

Una de mis formas preferidas de amplificar lo positivo es sintonizar con mi espacio del corazón utilizando una sencilla herramienta llamada *Elévate*. Para practicarlo, utiliza la palabra "elévate" como desencadenante para cambiar tu estado físico y tu concentración mental: echa los hombros hacia atrás, respira profundo y coloca la mano sobre el corazón. Centra tu atención en algo o alguien por lo que te sientas agradecido mientras te conectas con el espacio de tu corazón. Sintoniza con emociones de alta vibración como la alegría y el amor, conectando el corazón y la mente, y manteniendo ese pensamiento y ese sentimiento elevado durante un minuto. Utilizo este sencillo ejercicio siempre que siento que mi energía o mi estado de ánimo decaen, para volver a conectar con las emociones de alta vibración que siempre están a nuestro alcance.

2. Vigila tu dieta informativa

Los pensamientos desencadenan emociones, por eso es fundamental examinar los hábitos que los detonan. Uno de los mayores desencadenantes de la actualidad es la dieta digital: lo que consumes en línea, desde los sitios de noticias que lees hasta las cuentas de redes sociales que sigues y los sitios web que visitas.

Depende de ti dar forma a tu relación con el mundo virtual, empezando por el contenido que consumes. Realiza una auditoría de redes sociales y elimina a cualquier persona o cosa que no apoye a la persona en la que deseas convertirte. Sé consciente del uso que haces del teléfono, evalúa los contenidos de las cinco personas que más consumen tu tiempo en línea y observa cómo te afectan de manera emocional.

3. Practica la autosugestión positiva

Todos los días recibimos sugestión de pensamientos de los medios de comunicación, de otras personas, del entorno y de nosotros. Muchas son negativas y generan emociones de baja vibración que no contribuyen a lo que queremos lograr en la vida.

La autosugestión positiva implica desencadenar sugestiones de pensamientos de alta vibración. Como esos llevan a emociones de alta vibración, la autosugestión intencional se convierte en una forma poderosa de generar sentimientos edificantes cuando se le solicita.

Con solo repetir las palabras "Elijo ser feliz, estoy tranquilo y relajado", puedes ordenarte de manera consciente que te sientas más feliz, tranquilo y relajado. También puedes combinar esa sugestión con un patrón de respiración: inhala mientras repites "Elijo ser feliz", retén la respiración mientras repites "Estoy tranquilo" y exhala mientras te ordenas relajarte.

4. Romantiza tu vida

Uno de los secretos de la felicidad es encontrar alegría en el camino. Cambia tu perspectiva, hazle un favor a tu yo actual y abandona el espejismo de la mentalidad de "seré feliz cuando...". La alegría y la felicidad no son logros que esperan ser recogidos, sino sentimientos que puedes elegir experimentar, momento a momento. Vivir en piloto automático, sin enfoque y atención, significa vivir en el pasado predecible, y como resultado, romper con tu conexión al potencial ilimitado que está disponible para ti en el campo cuántico.

La práctica de romantizar tu vida implica hacer que lo mundano sea mágico y trae una conciencia plena a tu vida cotidiana. Cuanta más alegría permitas que entre, mejor será tu vida y, al hacerlo, te volverás aún más magnético de lo que ya eres.

5. Reactiva experiencias positivas pasadas

No siempre es fácil sentir emociones intensas al visualizar algo que aún no has experimentado. Pero recordar un momento en el que sentiste emociones intensas es mucho más fácil, y es posible reactivar estos sentimientos y transferirlos mediante la visualización.

Al reconocer que las emociones son datos del pasado, puedes usar tus viejos recuerdos emocionales a tu favor al cocrear una nueva realidad, utilizando una técnica que llamo "impresión futura".

Cómo practicar la impresión futura

Piensa en un recuerdo antiguo y familiar de un logro del pasado. Puede ser un momento de éxito de la infancia, como haber ganado un premio en un concurso escolar, o algo más reciente, cualquier recuerdo servirá siempre y cuando represente un éxito para ti. Luego, utilizando ese recuerdo del pasado y los datos emocionales de esa experiencia memorizada, reactiva y amplifica los sentimientos familiares a medida que revives esa experiencia. Manteniendo activas esas emociones de alta vibración, visualiza un evento futuro que deseas manifestar, como si lo estuvieras viviendo ahora. Al hacerlo, permítete visualizar que has logrado o te has convertido en lo que sea que estés manifestando.

La impresión futura utiliza recuerdos emocionales de alta vibración de experiencias pasadas para imprimir eventos futuros con esas emociones familiares que deseas experimentar de nuevo.

Puedes acceder a una visualización de la técnica de impresión futura en www.magneticbook.com/futureimprinting.

Recordatorios magnéticos

- Tus emociones son datos valiosos que reflejan cómo has procesado tus experiencias pasadas. A menos que se aborden de manera consciente, esos patrones inconscientes tienden a repetirse.
- La autenticidad es la clave del verdadero magnetismo, que implica aceptar y superar por completo todas las emociones, incluso las incómodas. Es seguro sentir todas tus emociones por completo.
- La supresión de las emociones solo las intensifica, mientras que la expresión conduce a la sanación.
- Aunque es importante sentir todas las emociones, permanecer estancado en ellas durante demasiado tiempo sin procesarlas atrae más de las mismas experiencias y sentimientos.
- Puedes liberar emociones estancadas concentrándote en tu respiración, observando la sensación y aceptando tus emociones sin dejar que te definan.
- Para amplificar las emociones de alta vibración y elevar tu vibración, intenta controlar tu ingesta digital y usar herramientas como la autosugestión positiva y la impresión futura.

14. Tu historia magnética

- ¿Alguna vez has visto a tus amigos pelearse por algo que alguien dijo, solo para que cada uno te contara la "historia" de lo que sucedió de maneras muy diferentes?
- ¿Alguna vez has visto que el mismo acontecimiento mundial es relatado desde puntos de vista muy diferentes por partidos políticos o grupos religiosos opuestos?
- ¿Alguna vez has discutido con tu pareja y has tenido dos interpretaciones por completo diferentes de lo que se dijo y lo que significaba?

Esos relatos diferentes de las mismas experiencias se producen porque los humanos no vemos ni decimos las cosas como son cuando narramos una historia; vemos y afirmamos los acontecimientos tal como nosotros somos.

En pocas palabras, vemos lo que creemos.

Tienes una historia que ha sido una fuerza magnética que, de manera constante, repele y atrae personas, lugares y experiencias que coinciden con la vibración predominante que llevas dentro. Si aún no conoces tu historia, la descubriremos juntos en este capítulo.

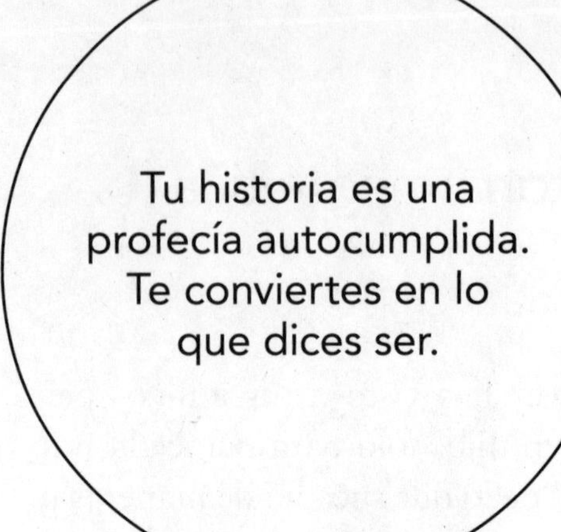

La historia que te cuentas moldea tu realidad, convierte tus pensamientos y emociones en forma física a través de tus acciones. Como las manos que dan forma a la arcilla, lo que crees que es verdad se transforma en tu realidad.

Tus historias personales son una acumulación de todo lo que hay dentro de tu mente magnética: las creencias subconscientes, los recuerdos, el autoconcepto, la mentalidad, las respuestas emocionales, el sistema nervioso y la concentración de tu filtro magnético. Todos esos elementos se combinan para crear la fuerza magnética que es la historia que narras de tu vida. Lo que determina cómo se desarrolla tu vida no es lo que te sucede, sino el relato que te cuentas.

La historia que crees sobre quién eres y lo que tu vida significa o no significa, te define, te recuerda quién has sido, afirma quién eres y da existencia a la persona en la que te convertirás. La mayoría de las personas no crean de manera consciente su historia; en cambio, dejan esa poderosa fuerza en manos de sus programas subconscientes sin editar y, al hacerlo, frenan su potencial para convertirse en la persona que podrían ser.

No te permitas ser una de esas personas.

Lo que determina cómo se desarrolla tu vida no es lo que te sucede, sino la historia que te cuentas.

Tú creas tu realidad

Para crear la vida que deseas, debes dejar ir la historia que no te sirve. Eso te dará el espacio para crear una nueva historia inspiradora y magnética que armonice tus creencias subconscientes y tus deseos conscientes.

Eres sabio y, con la ayuda de este libro, tienes el poder de editar cualquier historia que no sirva a los sueños que albergas en tu interior.

Tu percepción da forma a tu realidad.

- ¿Tu vida se está desmoronando? ¿O está tomando forma?
- ¿Es el final de una era? ¿O el principio de una nueva biografía?
- ¿Es tu momento más bajo? ¿O tu momento decisivo?
- ¿Perdiste a un amigo? ¿O dejaste espacio para uno mejor?
- ¿Estás atrapado en la tormenta? ¿O eres el ojo de la tormenta y tienes el control?

- ¿Tuviste que hacer eso? ¿O lo lograste?
- ¿Te estás haciendo mayor? ¿O eres más joven de lo que alguna vez serás?
- ¿Eres víctima de las circunstancias? ¿O eres responsable de tu vida?
- ¿Estás estancado? ¿O estás en el proceso de desarrollo de tu carácter?
- ¿Todo se está yendo al carajo? ¿O se están produciendo grandes cambios para que las cosas puedan encajar?

Tus historias son hechizos que lanza tu mente magnética y que envías al mundo. Así como la palabra abracadabra se traduce como "crearé mientras hablo", los pensamientos que repites dentro de la cabeza y los que compartes en voz alta arrojan una red de energía en el mar de realidades potenciales disponibles para ti. Dentro de cada una de tus historias yace una creencia sobre quién eres y, con frecuencia, lo más importante, quién crees que no eres. Cada creencia tiene una historia asociada, algunas historias son grandes, otras son pequeñas. El tamaño no importa, pero la historia sí.

En cada parte de tu vida hay historias. En esas narraciones encontrarás las pruebas que tu mente recopiló y combinó para crear una creencia. Esa creencia se convierte en la base de tus programas subconscientes en esa área de tu vida, dando forma a tu identidad, a tus pensamientos, sentimientos y acciones. Por eso, cuando cambias de manera consciente tu historia y alineas tus mentes subconsciente y consciente, comienzas a cambiar tu vida.

Pero primero debes encontrar tu historia para poder conocer tu verdad.

Una de las formas más fáciles de descubrir tu narrativa interior es escribir con libertad las primeras respuestas que te vengan a la mente para completar frases como estas:

- Soy el tipo de persona que...
- Mis padres siempre han sido...
- Tengo miedo de...
- Cuando era pequeño, yo...
- Mi vida es...
- Soy un...
- Creo que...
- Al crecer, mi vida era...
- El dinero es...
- Mi salud es...
- Creo que el amor siempre...

Pregunta de dónde viene

Ya que descubres una historia limitante sobre por qué no puedes tener lo que deseas, el truco no es juzgarla ni aceptarla, sino examinarla con curiosidad compasiva. Después de todo, tu historia es solo un relato que te cuentas. A medida que comiences a examinar tus historias y las creencias que las acompañan, pronto descubrirás que lo que consideras verdad no siempre es tu verdad, sino la perspectiva de otra persona programada en tu mente.

En pocas palabras, crees en lo que te programaron para creer; la mayor parte de eso proviene de tu mente subconsciente y quedó grabado sin que te dieras cuenta cuando eras niño. Por eso, en quien te has convertido se ha construido en gran parte a partir de tu programación y experiencias pasadas. Gran parte de lo que eres se basa en las opiniones y los juicios de otras personas, que has internalizado como propios.

Imagina tu historia como una obra de teatro con diferentes personajes que desempeñan sus papeles. Así como tu vida tiene una historia sobre por qué sucedieron las cosas, todos los demás personajes también tienen sus historias. Aunque tú eres el personaje principal de tu vida, no eres el personaje principal de la de los demás.

¿Tu historia está relacionada con tus padres y con lo que ellos creían que era verdad sobre el mundo? ¿Lo que te dices sobre lo que puedes y no puedes hacer se basa en algún tipo de narrativa social o familiar que ellos te han transmitido?

¿Por qué mantienes viva esta historia?

¿Alguna vez has querido cambiar algo mientras te sientes apegado de manera extraña a tu realidad actual? Tal vez sueñas con ponerte en forma y crear el físico de tus sueños, pero al mismo tiempo, en secreto amas pasar las noches solo comiendo tu chatarra favorita, porque te brinda consuelo. O tal vez deseas superar una ruptura amorosa y volver a salir, pero te sientes satisfecho con tu propia compañía y, en secreto, disfrutas hablar mal del sexo opuesto.

Sea cual sea la historia que mantienes viva, hay una razón por la que sigue ahí.

Quizá deseas cambiar a nivel consciente, pero si tu subconsciente cree que perderás algo en el proceso, te frenará y te mantendrá atrapado en la misma historia de siempre. Cuando eso ocurre, vale la pena alejarse y observar tu situación (y a ti mismo) desde la perspectiva de un tercero. La mente subconsciente elegirá un dolor familiar en lugar de un placer desconocido, solo porque el dolor familiar es predecible y conocido. Tu trabajo es identificar las recompensas emocionales (lo que ganas al permanecer igual) y desprenderte de ellas.

Hazte las siguientes preguntas:

- ¿Qué gano con seguir igual?
- ¿Cuál es la gratificación oculta?
- ¿Qué hilo de esta historia alimenta una parte de mí que no se siente vista ni segura?
- ¿Qué emociones me resultan cómodas?

Al explorar las profundidades de tus conductas no deseadas con curiosidad y compasión, descubrirás qué las sustenta. Es probable que haya una recompensa emocional subconsciente que involucra amor, seguridad, protección, validación o ser visto.

Algunos ejemplos de recompensas emocionales son:

- Tu historia: aumentar tu presencia en las redes sociales genera comentarios negativos y de odio.
  Comportamiento: no publicas en las redes sociales.
  Recompensa emocional: la seguridad de no ser visto.
- Tu historia: el amor siempre termina en desamor.
  Comportamiento: no dejas que nadie entre.
  Recompensa emocional: la seguridad de confiar en ti en lugar de correr el riesgo de confiar en otra persona.

- Tu historia: la mayoría de las empresas fracasan.
  Comportamiento: nunca inicias el negocio de tus sueños.
  Recompensa emocional: la seguridad de permanecer en el mismo trabajo y evitar posibles fracasos.
- Tu historia: tener más dinero significa más responsabilidad.
  Comportamiento: autosaboteas nuevas oportunidades.
  Recompensa emocional: permanecer en tu zona de confort y sentirte en control.

Conviértete en tu propio héroe

Es hora de dar un paso adelante y asumir la responsabilidad de alimentar la historia que te mantiene estancado.

Ahora, aunque no eres responsable de todo lo que te sucede en la vida, ni de lo que se dice o se hace, sí eres responsable de tu sanación y de la historia que elijas contar sobre lo que significa ser un adulto. Sé de primera mano que la palabra "responsabilidad" no es, para decirlo claro, sexy (por eso te invito a replantear el concepto de asumir la responsabilidad como una forma de recuperar tu poder personal).

Aunque otra persona pueda ser la culpable de tu dolor, en especial si tienes heridas y traumas de la infancia, solo tú puedes sanar el pasado y reescribir tu futuro. La sanación comienza contigo.

Aferrarte a la culpa y al dolor no te traerá felicidad ni sanación. El pasado es cosa del pasado y, aunque no puedes cambiar lo que te sucedió, sí puedes cambiar la manera en que decides seguir adelante y todo lo que eso significa. Así te conviertes en tu héroe y accedes a tu poder: cuando decides salvarte de ti mismo. Solo tú puedes tomar esta decisión. Tú tienes las cartas en la mano.

No permitas que una historia (que te quita poder) de tu pasado defina tu futuro. Naciste para ser un cocreador poderoso y consciente... conviértete en él.

Un ritual de iniciación

La manifestación no consiste solo en avanzar, también en limpiar el pasado. La creación tiene tanto que ver con el desapego como con la atracción.

Para avanzar, debes soltar.

Una forma de desprenderte de lo viejo y llamar a lo nuevo es a través del poder de la ceremonia, un evento singular que, cuando se realiza de manera intencional, actúa como un catalizador muy emocional e imprime en la mente subconsciente una nueva realidad, rompiendo de manera efectiva los viejos ciclos y desbloqueando un nuevo capítulo en tu historia.

Si estás cansado de sentirte estancado, considera esto como una invitación a dar un salto y hacer un cambio.

Todo es energía

La esencia del primer principio de la termodinámica establece que la energía no se crea ni se destruye jamás.[15] Solo se transfiere o transforma de un estado a otro. Todo es energía y toda la energía cambia de forma constante dependiendo de su entorno y nivel de vibración. El amor y el miedo son lo mismo, pero son extremos opuestos de un espectro, de la misma manera que el vapor y el hielo son lo mismo, pero parecen opuestos en el espectro cuando se exponen a diferentes temperaturas. Usando esta ley, puedes tomar tu vieja historia de miedo y transformarla en una nueva historia de amor usando el elemento del fuego.

Esta es tu oportunidad de trabajar en lo que te mantiene estancado para que puedas abrirte a los potenciales cuánticos disponibles para ti más allá del programa subconsciente que has permitido que te frene. Lee y familiarízate con los siguientes pasos que te guiarán para liberar aquello que estás listo para dejar ir, para que puedas hacer espacio para tu nueva historia magnética.

Paso 1. Desempaquétalo

Para comenzar, escribe la historia a la que te has aferrado para capturar su energía y esencia. Este es un momento para profundizar y no guardarte nada. Es posible que sientas que algunas emociones reprimidas salen a la superficie durante este proceso. Déjalas fluir y deja que se viertan en las páginas.

De la misma forma que una tarjeta de cumpleaños o un dibujo infantil pueden contener la energía del amor, puedes transferir la energía de tu historia a las páginas.

Registro magnético: si la historia te parece cruda, fresca y con muchas cosas por manejar, escribe esas respuestas desde la perspectiva de un tercero, de modo que puedas darte un espacio mental para procesar lo que surja. Eres mucho más grande que tu historia. No se trata de quién eres, sino de algo que te sucedió.

Responde las siguientes preguntas con tanto detalle como te parezca adecuado:

- ¿Por qué eres como eres? *(La historia y la causa)*
- ¿Qué te pasó? *(Profundiza)*
- ¿Qué momento decisivo dio forma a la historia que sientes que gobierna tu vida? *(Continúa)*
- ¿Cómo te ha limitado esa historia? *(Los efectos)*
- ¿Qué es posible para ti cuando dejas ir esta historia? *(Los potenciales)*

Tras sacar a la superficie la esencia de la historia que estás dejando ir, pasa a una "Declaración de soltar" intencional. Continúa con las siguientes oraciones, mirando hacia el futuro.

- Yo… [insertar nombre] estoy listo para soltar la historia que… [la historia].
- Decido soltar esta historia porque… [tus razones].
- Cuando suelte esta historia, yo/mi vida… [tu nueva historia].
- Dejé que esta historia se apoderara de mí mediante… [comportamientos/hábitos/decisiones que permitieron que la vieja historia surtiera efecto].
- Soy responsable de mi vieja historia y, en este momento, estoy listo para soltarla y dejarla ir.

Paso 2. Siéntelo para sanar

Ya que te hayas permitido plasmar en papel la vieja historia que te ha mantenido estancado, es hora de profundizar más. Escribirlo todo tal vez hará aflorar muchas emociones, como el miedo, la ira, la vergüenza, la tristeza, incluso momentos de alegría. Todas las emociones son válidas y bienvenidas aquí.

Toma las páginas que escribiste y permítete sentir con plenitud lo que hayas desenterrado, trabaja en ello y deja que fluya a través de ti. Date permiso y espacio para sentir y ser humano. Llora, grita en una almohada, sacude, respira y muévelo por todo tu cuerpo. Recuerda, aquello a lo que te resistes, persiste, así que déjalo pasar a través de ti, hacia las páginas y hacia afuera de tu cuerpo.

Paso 3. Libéralo

Es hora de darle espacio a todo, de honrar los capítulos, las decisiones, las narrativas y los patrones que te han traído hasta aquí, y luego liberarlos y dejarlos ir, permitiendo que esa energía se transforme.

El fuego puede actuar como una fuerza purificadora (ver de manera literal cómo las páginas de tu vieja historia se convierten en cenizas), pero no todo el mundo tiene acceso a un espacio seguro para hacer una fogata. Una alternativa es romper las páginas en pedacitos, cavar un pequeño agujero en la tierra y enterrarlos, donde puedan disolverse y dejar que la energía contenida regrese a la tierra.

Paso 4. Celébrate a ti mismo

¿Cuándo fue la última vez que reconociste lo mucho que has avanzado?

Detente un momento y analiza tu vida con honestidad, observa todas las experiencias difíciles y desafiantes que has vivido, pero, aquí estás, recuperando tu poder, dando pasos adelante y reimaginando tu vida a tu manera.

El viaje es el destino y celebrar tu progreso refuerza tu impulso hacia adelante. Al hacer esta ceremonia das un gran paso, enfrentas tu pasado y emerges con más conciencia, coraje y claridad sobre quién ya no estás eligiendo ser.

Baila un poco, sacude tu cuerpo, abrázate y sonríe a tu reflejo, ¡porque este es el trabajo y lo estás haciendo!

Paso 5. Crea una nueva historia

Ahora que dejaste atrás lo viejo, es hora de crear lo nuevo. Eres el artista de tu destino y puedes diseñar tu vida.

El siguiente paso es entrar en el mundo del "qué pasaría si..." y decidir qué es lo que en realidad deseas.

Recordatorios magnéticos

- No vemos las cosas como son, las vemos como nosotros somos. Tus programas, historias y creencias subconscientes moldean la trayectoria de tu vida.
- Al descubrir y liberar las historias y creencias que ya no le sirven a tus sueños, puedes reescribir tu narrativa interna para alinearla con el futuro que deseas.
- Para romper viejos ciclos y desbloquear un nuevo capítulo en la historia de tu vida, una ceremonia de desapego puede servir como un poderoso rito de iniciación, ayudándote a aclarar, procesar y liberar creencias limitantes, haciendo espacio para nuevas posibilidades.

PARTE 3

La fórmula magnética

Manifestación: el arte de convertir el pensamiento y el sentimiento en su expresión física.

La fórmula magnética: Decidir, Alinear, Rendirse, Personificar

En este capítulo incluí un acrónimo fácil de memorizar: DARP. Estas cuatro letras describen los elementos básicos del proceso de manifestación. Cuando adoptas de manera consciente esos elementos como una forma de vida continua, la manifestación deja de ser una lista de técnicas que debes recordar... y se convierte en una forma natural de ser.

15. Decidir

Definición: determinar tu camino, libre de vacilaciones o titubeos. Cuando decides, eliges tu destino, sin dudas, guiado por un sentido de conocimiento interior.

Antes de manifestar algo, debes elegir lo que deseas traer a tu vida. El primer paso para decidir es mirar más allá de lo que quieres y reconocer tus verdaderos anhelos.

En español, la palabra "querer" proviene del latín *quaerĕre* que significa "buscar", "pedir". En inglés, *want* procede del nórdico antiguo *vanta*, que se traduce como "carecer o estar sin".

Por su parte, las palabras *desire* en inglés, "desear" en español y *désirer* en francés proceden de términos latinos como de *sider*, que se traduce como "de las estrellas". Después, evolucionó a *desiderare*, que significa: "anhelar, desear, exigir y esperar; aguardar lo que traerán las estrellas".

Por eso, en este libro, a propósito evito utilizar la palabra "querer" siempre que es posible. Querer viene de un lugar de necesidad y carencia, mientras que desear viene de un lugar de elección, expansión y potencial dentro del universo.

Tus deseos son llamadas cósmicas de lo alto, su origen es divino.

La manifestación comienza con un deseo muy claro. Cuando ya lo tienes, el trabajo es decidir que será tuyo. Eso requiere que te conviertas en lo que algunos llamarían "delirante". Extiendes tu imaginación más allá de "lo que es" y, en su lugar, eliges creer en "qué pasaría si…" y en el potencial invisible que aún no se ha desplegado.

Creo que los deseos se colocan en nuestros corazones por una razón, no vienen de un lugar de carencia o necesidad, sino de un lugar de "tenerlo ya" en el campo cuántico. Si no fueran posibles, no estarían dentro de ti. Tus deseos están conectados a ti a través de cuerdas invisibles, jalándote de manera constante hacia el potencial y las posibilidades dentro del universo.

Si te sientes atraído por un sueño, hagas lo que hagas, no lo dudes (solo empieza, incluso antes de estar preparado y acepta que no siempre será fácil). Recuerda que las cosas bellas suelen surgir de lo incómodo. Muéstrate, da un paso adelante, cree y conviértete en la versión de ti que sabes que puedes ser. El universo no te da deseos que coincidan con lo que eres ahora, te da destellos de lo que podrías ser. Si te parece demasiado grande, atrevido o aterrador, está bien. No tiene por qué parecer normal o sencillo.

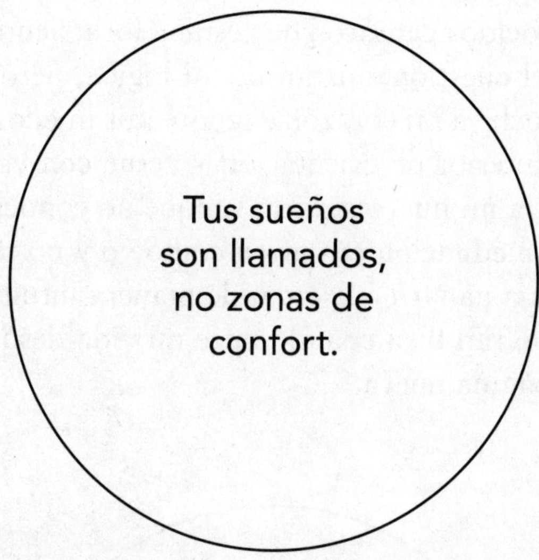

Perspectiva de página nueva

Al decidir una nueva visión, con frecuencia parece que intentamos construir una nueva obra maestra en una página ya abarrotada. Si eso te ocurre, practica lo que me gusta llamar "la perspectiva de la página nueva". Esa herramienta te permitirá contemplar tu vida desde una perspectiva elevada haciéndote la siguiente pregunta:

Si pudiera pasar la página y empezar de nuevo, sabiendo lo que sé ahora, ¿hay algo en lo que no volvería a meterme o que haría de forma diferente?

La respuesta a esta pregunta te ayudará a darte cuenta en qué debes concentrar tu tiempo y tu energía. Puede que te sorprenda lo que se te viene encima cuando te das permiso para mirar tu vida desde esta perspectiva. Las decisiones que tomas no son sentencias de por vida. No tengas miedo de corregir el rumbo y tomar medidas drásticas.

Cuando decidí dejar mi antigua vida como DJ, cambiar por completo mi trayectoria profesional y seguir el deseo de mi corazón de convertirme en maestra de meditación, todos mis conocidos pensaron que estaba loca. Sentía las dudas externas y el cuestionamiento de mi lógica, pero eso no me detuvo. Escuché a mi corazón e ignoré mis miedos; tuve fe en mi sentido interior de orientación y actué con valentía para avanzar hacia mi nuevo sueño. Aunque no conocía a ningún profesor de meditación tan joven como yo y no tenía ni idea de cómo iba a ganarme la vida, de manera intuitiva nada se había sentido tan bien cuando miré mi vida desde una perspectiva de página nueva.

Si pudiera pasar la página y empezar de nuevo, sabiendo lo que sé ahora, ¿hay algo en lo que no volvería a meterme o que haría de forma diferente?

Las decisiones verdaderas para ti no siempre tienen sentido para los demás y eso está bien. Tus deseos son señales sagradas que vienen de arriba y que nunca deberías poner en duda por el punto de vista de otra persona o porque estés viendo tu vida desde donde estás, en vez de donde podrías estar. Lo correcto para ti puede ser incorrecto para otros...

y solo tú sabes lo que está alineado en tu camino. Tú eres el que vive tu vida, y lo que haces con tu única oportunidad de ser "tú" es tu elección.

La vida no siempre revela un camino claro hacia adelante, pero no necesitas conocer todos los detalles a la vez. Decidir es el primer paso en un hermoso viaje para alinearte con los deseos de tu corazón.

Todos los capítulos nuevos de la vida empiezan con una decisión. Permítete mirar la vida desde la perspectiva de página nueva, incluso cuando la página en la que te encuentras sea cualquier cosa menos nueva.

Recordatorios magnéticos

- Decide con el sistema nervioso en calma
  Cuando estás en modo lucha o huida, ansioso, agotado o abrumado, tu subconsciente toma decisiones basadas en la autoconservación y la protección en lugar de la autorrealización y la expansión. Relájate antes de reimaginar tu vida.
- Amplía tu visión
  Antes de decidir, amplía los horizontes y permítete entrar en el mundo de la imaginación sin límites planteando la pregunta "qué pasaría si..." a todas las posibilidades que puedas contemplar. Elimina los límites y practica la visualización para ampliar tu zona de confort y permitirte imaginar.
- Concéntrate en el sentimiento
  A veces nos cuesta decidirnos por una visión concreta. Está bien. Cuando eso ocurra, concéntrate en el sentimiento que deseas tener y deja que esa sea la luz que te guíe.

- Decide ser el afortunado
  Siempre hay alguien que es la excepción a la regla, ¿por qué no tú? Elige ser la persona destinada a tener suerte. Cuando esperas lo mejor, atraerás los mejores resultados.
- Sé valiente
  Elegir los deseos de tu corazón requerirá que seas audaz y valiente. No tengas miedo de soñar en grande.
- Siempre puedes volver a elegir
  No todos los capítulos de la vida deben convertirse en un libro publicado. Algunos son borradores que hay que descartar o reescribir. Sé valiente y audaz a la hora de escribir tu historia. Tú eres el escritor, director, editor y protagonista de tu vida; tú eliges cómo y cuándo empezar otro capítulo.
- Decide moverte en alineación vibratoria con eso
  Cuando te hayas decidido, recuerda que ya está hecho en el reino cuántico. No subestimes las fuerzas del universo que están de tu lado; una vez que te hayas decidido, debes saber que el universo te escuchó y asumir que todo lo que venga funciona para el mejor de los escenarios. A veces las cosas se desmoronan antes de reagruparse.

Si deseas vivir
una vida como nadie,
debes vivir tu vida
como nadie.

Preguntas para ayudarte a decidir

- ¿Qué deseo? ¿Quién sería yo si nadie opinara sobre mis sueños y me limitara a vivir la vida para mí?
- ¿Cuál es mi verdad auténtica e ilimitada?
- ¿Cómo es la vida de mis sueños? ¿Cómo quiero que sea?
- ¿Qué elegiría si todo fuera posible y si yo fuera la excepción a toda regla?
- ¿Qué me dejaría satisfecho? ¿Qué me dejaría sintiéndome realizado, en paz, alineado y viviendo mi verdadero propósito, si lo consiguiera? (Piensa en tus deseos elegidos como una suculenta comida que te alimenta de forma física, emocional y espiritual.)

La declaración decisiva

Universo, he decidido que… [inserta tu deseo] sea mío.
Ayúdame, guíame y apóyame para hacer realidad esta visión.
Gracias, gracias, gracias.

16. Alinear

Definición: un estado de armonía vibratoria con otro.

Ya que te decidiste, debes centrarte en el siguiente elemento: alinear tu energía con tus deseos. La alineación es clave porque, en la vida, no manifiestas lo que deseas, sino lo que eres. Necesitas ponerte en la misma frecuencia de tus objetivos. Eso se logra elevando tu vibración y liberando las cosas que no coinciden con la vibración de la persona en la que te estás convirtiendo.

La mayoría de las veces, cuando percibimos una desalineación entre nuestros deseos y lo que somos, se trata de un desajuste entre las mentes consciente y subconsciente. Puedes desear algo de manera consciente, pero si tu subconsciente no está de acuerdo, te frenará.

La alineación proviene de alinear tus programas subconscientes con tus anhelos conscientes, así como de sintonizar tu vibración para que coincida con tus deseos.

Para encontrar la alineación auténtica, debes mirar dentro de tu mente magnética y observar tus creencias limitantes actuales, comportamientos, diálogo interno, así como tus patrones de pensamiento conscientes e inconscientes. Identifica dónde te aferras a una historia que afirma que no eres digno, seguro o lo suficientemente bueno como para tener lo que deseas.

La reprogramación del subconsciente es fundamental en el proceso de manifestación. Transformar el mundo exterior empieza por realinear el mundo interior.

Si deseas experimentar un nivel diferente en el juego de la vida, debes reescribir el código para ampliar tu visión más allá de los límites que percibes. Este proceso requiere autoconciencia, la cual se desarrolla a través de la meditación.

Es importante recordar que el universo responde a quién eres, momento a momento. Si sientes que estuviste desalineado en el pasado, estás a un momento de cambiar, porque la alineación siempre se encuentra en el presente.

Al pensar en la alineación, es normal creer que todo debe sentirse bien y fluir. Aunque eso es cierto, no es una regla de oro. Algunas de las decisiones más alineadas que he tomado no fueron fáciles ni cómodas. A veces, alinearte con tu yo auténtico parece complicado y desafiante, como si nadaras contra corriente. Cuando eso sucede, solo es un reflejo de pasar de una corriente a otra, cada una con su ritmo y flujo.

Una vez que hayas logrado la alineación, te sentirás bien y fluirás, pero el camino para alinearte con tus deseos no siempre es fácil, en especial si estás rompiendo creencias y hábitos limitantes arraigados.

Pruebas del universo

Mientras te alineas con los deseos, quizá experimentes lo que muchos maestros en el espacio de la manifestación llaman "pruebas del universo". Pueden explicarse como límites subconscientes que revelan áreas en las que tal vez necesitas trabajar para reconfigurar tu mente magnética. En realidad, el universo te ama: nunca te pone a prueba. Cuando experimentas una "prueba del universo" es una señal de que tu mente consciente y subconsciente no están alineadas por completo o de que, de forma divina, te están guiando hacia un camino que está en armonía vibratoria con tu verdadero yo.

Cuando mi pareja decidió dejar de trabajar como diseñador gráfico freelancer y convertirse en empresario, tomó la firme decisión, desde el primer día, de dejar de aceptar más trabajos independientes y dedicarse de lleno a la creación de su empresa. A la mañana siguiente de tomar esa decisión, despertó con cinco ofertas de trabajo de diseño en la bandeja de entrada, incluido un lucrativo proyecto que antes habría sido su "trabajo soñado".

Aquí se enfrentaba a la prueba definitiva: ¿volvería a la opción antigua y segura y retrasaría la decisión de comprometerse con su nueva empresa? ¿O actuaría de acuerdo con su decisión de dejar de trabajar como freelancer y crear la nueva empresa como pretendía en un principio?

Sabiendo que cualquier gran cambio requiere valor y perseverancia, dio un salto de fe y se mantuvo firme en la decisión de decir no a más trabajos de diseño, a pesar de lo tentadoras que eran las ofertas... y así cruzó el umbral hacia una nueva realidad de emprendimiento.

No te sorprendas cuando en tu viaje aparezca una bifurcación que te llame a elegir entre un camino conocido y uno desconocido. Cuando ocurra, considéralo como una señal de que te estás expandiendo.

Recordatorios magnéticos

- Aprecia el presente
  Tal vez no te sientas agradecido por el lugar en el que te encuentras en este momento, pero puedes practicar el agradecimiento reconociendo los aspectos buenos de tu situación y centrándote en lo positivo. Cuando te alineas con los aspectos positivos de algo o de alguien,

tu mente magnética y el universo trabajarán para traer más de eso a tu vida. Recuerda, la vibración sigue a la manifestación.

- Siempre estás alineado con algo
  Por lo general, cuando alguien dice "ay, me siento tan desalineado", quiere decir que se siente desfasado con lo que en realidad desea. Siempre estás alineado con algo; la cuestión es: ¿con qué?
- El subconsciente da prioridad a la seguridad
  Recuerda que el subconsciente elegirá un camino conocido antes que uno desconocido hasta que hayas establecido un nuevo camino. Crear una nueva vida para ti requiere adentrarte en una nueva forma de ser, con frecuencia en múltiples ocasiones.
- Alineación verdadera
  La alineación no consiste en lo que dices, sino en lo que piensas, sientes y haces. El universo funciona en términos de energía, frecuencia y vibración. Cuando estás en armonía vibratoria, tus pensamientos, sentimientos y acciones están sincronizados tanto a nivel consciente como subconsciente. Practicas la alineación cumpliendo tu palabra. Actúa en alineación con tu yo elevado.
- Elige el lenguaje adecuado
  La mente subconsciente cree lo que dices sin cuestionarlo. Alinea tu lenguaje de manera interna y externa para reflejar lo que deseas manifestar y traelo a la existencia con tus palabras.
- La alineación con frecuencia requiere soltar y dejar ir
  Debes limpiar antes de crear. Por eso liberar tu vieja historia y crear espacio es parte del proceso de manifestación.
- La autoestima no se gana, se reconoce
  No necesitas ganar tu valía; solo necesitas despertar a la verdad de que eres intrínsecamente valioso y alinearte

con ella. El amor propio es un trabajo interno; no se encuentra en personas, lugares o cosas. El valor que buscas debe provenir de tu interior.

Preguntas para ayudarte a alinearte

- ¿Qué historia me estoy contando sobre por qué no alcanzo mis objetivos?
- ¿De dónde salió esa historia?
- ¿La historia de quién adopté como propia?
- ¿Qué parte de mí se siente segura permaneciendo igual?
- ¿Qué beneficios obtengo al no cambiar?
- ¿Dónde me siento a prueba y qué lección puedo encontrar en ese sentimiento de resistencia?
- Al conectar con mi yo elevado, ¿qué haría diferente de lo que hago ahora?

17. Rendirse

Definición: entregar (algo) al poder o confianza de otro.

Imagina que tienes un fondo fiduciario que contiene todo lo que deseas: toda la abundancia, la salud, la felicidad, el apoyo, el éxito y el amor que puedas anhelar. Pero ese fondo no está gestionado por un miembro adinerado de la familia; en este caso el fideicomisario es el universo mismo. El universo actúa como tu padrino espiritual, siempre velando por ti y salvaguardando lo destinado a ser tuyo.

Como sabio guardián y administrador de tu expansión, el universo sabe que darte todo lo que quieres en el momento en que lo deseas no te ayudará a crecer ni a sobresalir en la vida. Tu guardián universal es sabio, presente y eterno, siempre considera tus mejores intereses, anhela que aprendas, crezcas y experimentes la vida, porque para eso estás aquí: para tener experiencias y expandirte. Para que desbloquees esa confianza, tu único "trabajo" es creer que la confianza está en camino, actuar de manera alineada y personificar la creencia de que lo que deseas ya es tuyo, sintonizando tu vibración con la frecuencia de eso siendo tuyo.

Lo que deseas se desbloqueará para ti cuando te alinees y lo personifiques. Hasta entonces, está seguro y protegido por el universo de forma divina.

- o ¿Puedes ir con la corriente?
- o ¿Puedes mantener la vibración en tiempos de adversidad?
- o ¿Puedes confiar en que lo que está destinado a ti no te pasará de largo?
- o ¿Puedes creer que, al igual que el sol saldrá mañana, tus deseos surgirán de las visiones de tu mente y se convertirán en tu realidad material?

Responder a estas preguntas de manera afirmativa significa rendirse a un poder superior y confiar en que el universo siempre vela por tus intereses.

Muchas personas consideran que rendirse es la parte más difícil de la manifestación. Si ese es tu caso, te animo a que adoptes la práctica de la oración y la conviertas en una parte habitual de tu vida. Las oraciones pueden dirigirse a quien sea o en lo que creas como poder superior. No hay reglas y no estoy aquí para decirte en qué o en quién creer, pero te animo a que encuentres algo con qué conectar y confíes en que él/ella/eso/esa/ellos/ellas quieren lo mejor para ti.

Cuidado con los pedestales

Los pedestales surgen cuando elevamos a una persona, lugar o cosa a una posición de poder por encima de nosotros, separándonos de lo que deseamos. Esto crea una brecha entre lo que deseamos y lo que creemos merecer.

Los pedestales son vitales a la hora de manifestar, porque al poner algo por encima o fuera de ti, empiezas a repelerlo y emites energía de "querer y necesitar" (como cuando una persona no capta la indirecta de que no estás interesado en ella o cuando te esfuerzas demasiado por impresionar a alguien).

Hace algunos años, cuando decidí convertirme en autora, alineé las mentes consciente y subconsciente, cambié mi identidad y personifiqué la energía y las acciones necesarias para dar vida a este sueño. Avancemos rápido hasta la noche anterior al contrato del libro que estás leyendo ahora, y todo lo que quedó fue solo soltar y rendirme a que, si esa oportunidad estaba destinada para mí, entonces no me pasaría de largo.

Alcancé esa mentalidad de poder porque, en las semanas previas al acuerdo, trabajé de forma activa para bajar de mi pedestal mental al editor, al libro y a todo lo que conllevaba.

Sabía que, para que mi contrato saliera adelante, la mejor oportunidad que tenía era mantenerme neutral, no verme como una autora desesperada que intenta conseguir un contrato, sino como una escritora capacitada que tendría un contrato, ya fuera con la editorial con la que estábamos negociando o con otra. Todo el tiempo me repetía: "Esto o algo mejor, esto o algo mejor, me rindo y lo suelto". Al día siguiente, recibí con una alegría abrumadora la noticia de que mi agente había conseguido el contrato.

Recordatorios magnéticos

- Reduce la importancia
  ¿Cómo te sentirías si ya tuvieras tus deseos desde hace más de un año? Al normalizar la experiencia de tus deseos, los bajas del pedestal, haciéndolos sentir naturales y alcanzables.
- Encuentra el punto medio
  Cuando bajas la importancia, puedes encontrar el término medio donde te rindes y encuentras paz en el proceso de lograrlo. Ahí eres capaz de aceptar lo bueno, lo malo y reconocer que tus manifestaciones vendrán con

aspectos positivos y negativos. Eso es normal; la polaridad en algo lo hace completo.

- No desentierres la semilla
  Rendirse es dejarse llevar y permitir que las cosas fructifiquen sin microgestionar el proceso. Se trata de confiar en que lo plantado florecerá. Tu trabajo consiste en mantenerte alineado, regar la semilla y proporcionarle un buen entorno para que crezca.
- Sepárate
  Aleja de tu conciencia las proyecciones de lo que podría ir mal en el futuro o las cavilaciones sobre el pasado; en vez de eso, concéntrate en el momento presente. ¿Qué puedes ver, oír, saborear, tocar y oler ahora? Utiliza tus cinco sentidos para anclarte en el presente y ten en cuenta que cuanto más te separas, más atraes.
- Ríndete a la incomodidad
  Cuando te rindes a la incomodidad del cambio y sabes que los sacrificios y los retos a corto plazo con frecuencia conducen a recompensas a largo plazo, pasas a la aceptación. No puedes cambiar lo que fue, pero con el poder de la manifestación, puedes transformar lo que será. Acepta la incomodidad y reconoce que es temporal.
- Atraviesa lo que estés pasando
  Rendirse no es solo esperar y desear de manera pasiva (es el proceso de soltar la energía acumulada y cualquier anticipación ansiosa a la que te estés aferrando). Utiliza herramientas como respiración, meditación, TLE (técnica de liberación emocional), yoga y ejercicio para liberar tu energía acumulada y hacer espacio para verdaderamente personificar lo que estás llamando.

Preguntas para ayudarte a rendirte

- ¿Cómo describirías la sensación de que las dudas desaparecen?
- Actuando como si lo que estás manifestando ya hubiera llegado, ¿cómo se sentiría tu sistema nervioso y qué puedes hacer ahora para simular esa sensación?
- ¿En qué aspectos serías diferente si confiaras 100 por ciento en que tu deseo se cumplirá?
- ¿Cuáles son los aspectos positivos y los problemáticos de tu manifestación? Cuanto más normalices ambos aspectos, más neutral te volverás.
- ¿Qué necesita oír tu niño interior para creer que todo saldrá bien en el mejor de los casos?

CONSEJO: escríbelo como una afirmación y dilo para ti.

La declaración universal

Querido Universo:
Entrego… [inserta tu deseo] a ti.
Confío en que lo que está destinado a mí no me pasará de largo.
Pido tu guía para alinearme con el camino que está destinado para mí y eliminar todo lo que no lo está.
Libero el control, libero la resistencia, libero todo ahora.
Gracias.

18. Personificar

Definición: la expresión de algo de forma tangible o visible.

Imagina que tienes una audición para asumir el papel de tu yo futuro elevado. En esa audición, te evaluará un importante director de casting que sabe bien lo que busca. Ese director puede decir si no estás personificando plenamente el papel; lee tu lenguaje corporal, tus microexpresiones y el tono de tu voz.

Para conseguir ese trabajo de ensueño (ser tu yo futuro y tener todo lo que deseas) necesitas darlo todo. Tienes que darlo todo porque no te presentaste a la audición para un reality de segunda clase, sino para una superproducción, una obra maestra, el papel diseñado para ti por las estrellas.

La mejor oportunidad de conseguir el papel de tus sueños es convertirte en lo que se conoce como un actor "de método", sumergiéndote por completo en el personaje. Piensa, siente, respira y vive como si ya tuvieras el papel que deseas. Debes actuar y ensayar en tu mente la confianza de ese personaje hasta que se convierta en una segunda naturaleza. Cuando vives y respiras la práctica de la manifestación como un estilo de vida, tienes la oportunidad de audicionar para el papel de tu yo futuro elevado hasta que un día, despiertas y te das cuenta de que todos esos ensayos valieron la pena. Porque ahora eres lo que has personificado.

Personificar tu manifestación significa ser una representación física de lo que deseas. Como dijo Buda: "En lo que piensas, te conviertes. Lo que sientes, lo atraes. Lo que imaginas, lo creas". Por eso es tan importante cambiar el concepto que tienes de ti y de tu identidad. La manifestación no consiste en pensar en algo y luego esperar a que llegue; es un proceso de decidir con claridad, alinear tus programas subconscientes con tus deseos conscientes, renunciar al "cómo" y personificar tu yo futuro al emprender acciones alineadas.

No se trata solo de saber; es la práctica de llegar a ser.

Predica con el ejemplo

Durante muchos años, fui una persona que sabía mucho sobre la manifestación, la meditación, la ley de la atracción y el desarrollo personal. Como a muchos otros, me encantaba hablar, discutir y obsesionarme con todos los conocimientos e ideas que rodeaban esos fascinantes temas. Pero me faltaba una cosa: no estaba personificando con plenitud lo que sabía.

Durante ese capítulo de mi vida, siempre estaba en un ciclo de "querer manifestar". Todo el tiempo hablaba de la vida que deseaba, de la persona en la que anhelaba convertirme y de los sueños que esperaba hacer realidad. Llené mi mente magnética de libros, pódcasts y cursos, pensando que el secreto para "tenerlo todo" se encontraría en la siguiente información.

Toma en cuenta que puedes hablar por hablar, pero si no predicas con el ejemplo, no estás logrando mucho. Puedes leer este libro y muchos otros, pero a menos que personifiques y realices acciones alineadas tanto a nivel físico como vibratorio sobre lo que has aprendido, no ganarás nada más que una colección de palabras.

Por ello, las siguientes dos secciones del libro son vitales para que las leas y actúes en consecuencia. Te guiarán a través de:

- Desbloquear el poder de la meditación.
- Aprender a utilizar la mente magnética para atraer tus estados deseados de salud, riqueza, felicidad y amor.

Al personificar las lecciones y enseñanzas de esos capítulos, te transformarás en un auténtico ejemplo viviente de ese conocimiento. Esa es la verdadera esencia de la personificación.

Recordatorios magnéticos

- Identifica las causas que crean los efectos que deseas personificar
  Recuerda, toda causa tiene un efecto; todo efecto tiene una causa.
- Todo gira en torno a la energía
  La personificación es una práctica de acción alineada. No se trata solo de hacer lo que hay que hacer, sino de mostrarte de manera alineada con la energía y la persona que deseas llegar a ser.
- Muévete desde la mente y entra en tu cuerpo
  Saber más no es el secreto para ser más. Deja de aprender más y, en su lugar, expresa lo aprendido de manera física, espiritual y mental.
- Empieza antes de estar preparado
  Esperar a sentirte como la versión futura de ti es una forma segura de manifestar una vida de espera. Te conviertes en la versión futura elevada de ti actuando en el ahora. Estar preparado no es algo que sientas, es algo que decides.
- Entra en personaje
  Cuando se presenten retos, pregúntate cómo respondería tu yo elevado: ¿qué haría de manera diferente?

Cuando actúas como la persona que imaginas con sus deseos cumplidos, te conviertes en quien deseas ser.

- Utiliza el poder del sonido
  Encuentra una canción que represente la energía y la esencia de la versión de ti que ya lo tiene todo. Muévete al ritmo de ella cada día o inicia una práctica de caminatas meditativas que te ayuden a cambiar la energía. Permítete encontrar tu auténtica expresión y deja que los sonidos te lleven a una nueva forma de ser. Puedes probar una de mis caminatas meditativas favoritas en www.magneticbook.com/walk.

Preguntas para ayudarte a personificar tu yo elevado

- Si mi yo del futuro se enfrentara a este problema, ¿cómo respondería?
- ¿Qué hace mi yo del futuro que yo no hago en la actualidad, pero que podría empezar a hacer hoy?
- ¿Qué no hace mi yo del futuro que podría dejar de hacer hoy mismo?
- ¿Qué sistemas, procesos, rutinas o rituales utiliza mi yo del futuro que podrían ayudarme y apoyarme para llegar a donde deseo?
- ¿Dónde me estoy haciendo pequeño? ¿Qué medidas no estoy tomando?
- ¿Qué sentimiento personifica mi yo del futuro, momento a momento?

PARTE 4

Manifestar desde el ahora

19. El momento presente

¿Has notado que las personas más magnéticas y radiantes son las que te dedican toda su presencia? Me refiero a los individuos que te miran a los ojos, que escuchan de verdad cuando hablas, que te abrazan tan fuerte que sientes los latidos de su corazón. Es la gente que no solo está contigo de forma física, sino también mental y espiritual. Cualquiera puede darte su tiempo, pero dedicarte su presencia e involucrar toda su atención y energía es algo muy distinto. Hay una gran diferencia entre pasar tiempo con alguien y estar presente de verdad.

Siempre me ha intrigado ese concepto de "pasar tiempo" versus "dedicar presencia". En mi trabajo, muchas veces soy testigo de cómo dos personas pueden estar en el mismo lugar, haciendo lo mismo y tener dos experiencias por completo diferentes. A lo largo de los años, he tenido el privilegio de guiar a casi mil individuos en retiros de desarrollo personal por todo el mundo… y he sido testigo directo de la diferencia entre esas dos formas de experimentar la realidad.

Dos buscadores de almas en Bali

Permíteme compartir la historia de dos de mis estudiantes, Amanda y Emily. Ambas tenían la misma edad, eran del mismo país y se habían tomado una semana libre de sus trabajos en empresas muy similares para venir a Bali. En el retiro, compartieron habitación y pasaron la mayor parte del tiempo juntas, pero cada una vivió la semana de manera muy diferente.

Durante la semana, Amanda estuvo cautivada por todo lo que la rodeaba, observando los pequeños detalles, implicándose a profundidad y viviendo cada momento al máximo. Estaba hipnotizada y asombrada por su nuevo y desconocido entorno. A lo largo de los talleres de esa semana, Amanda se mantuvo curiosa y abierta al aprendizaje. Había atravesado muchos momentos difíciles y tenía muchos demonios internos que enfrentar, pero, a pesar de eso, decidió creer que su pasado no definía su futuro.

Cuando llegó el momento de abandonar el retiro, Amanda me miró a los ojos, sonriendo de oreja a oreja, y me dio un abrazo enorme y sincero. Con lágrimas en los ojos, me dijo que había sido la mejor semana de su vida.

Por otro lado, Emily estuvo ahí en los mismos momentos, pero mentalmente estuvo en otro lugar. Era ajena a la belleza que la rodeaba, hipnotizada por el mundo pixelado de su teléfono, revisando con frecuencia el correo electrónico y las redes sociales. La perspectiva de Emily esa semana era de carencia, negatividad y limitaciones, lo cual tenía sentido. Por eso había venido al retiro: para expandirse, elevarse y superar las limitaciones que experimentaba. La cuestión era que, para superar el pasado, necesitaba abrirse al presente y al potencial del futuro. Necesitaba abrirse a una nueva forma de ser.

Cuando Emily se fue, también me abrazó, pero luego dijo: "No puedo creer que ya sea hora de volver a casa". Me di cuenta de que, para ella, el retiro no había hecho más que empezar, porque en realidad nunca había llegado.

Me pareció fascinante que tanto Amanda como Emily hubieran estado en el mismo lugar, compartido habitación, asistido juntas a los talleres y tuvieran experiencias tan diferentes. Una había aterrizado en Bali esa semana y lo había dejado todo en casa, abriéndose a una nueva forma de ser, mientras que la otra había estado ahí de manera física, pero con la atención ausente y la mente cerrada. La profundidad de su experiencia individual fue un reflejo del nivel de presencia y de energía que aportaron a la sala.

Mis memorias de Emily y Amanda en aquel retiro me recuerdan una famosa historia zen sobre dos monjes, que dice así:

> *Dos monjes, uno mayor y uno joven, van juntos por un camino. En el viaje, encuentran un río con una corriente muy fuerte. Cuando están a punto de atravesarlo, aparece una hermosa joven y les pregunta si pueden ayudarla a cruzar.*
>
> *Los dos monjes se miran porque, como parte de su condición de monjes, hicieron el voto de no tocar a una mujer. A pesar de eso, el monje mayor accede y la carga hasta el otro lado del río.*
>
> *El monje más joven mira incrédulo, sin saber qué decir. Mientras continúan su viaje, se queda sin palabras, sin saber cómo expresar sus sentimientos.*
>
> *Pasa una hora, luego dos y, por fin, al cabo de tres horas, no puede contenerse más y dice: "Como monjes no se nos permite tocar a una mujer. ¿Cómo has podido llevarla al otro lado del río?".*
>
> *El monje mayor le mira y responde: "Hermano, la dejé hace tres horas, ¿por qué sigues cargándola?".*

Esta historia pone de manifiesto la capacidad de la mente para aferrarse y agobiarse con pensamientos y sentimientos del pasado.

Yo solía pasar los días con los pies en un sitio y la mente en otro. Me consumían las preocupaciones y los pensamientos, dejando que mi mente cayera en una espiral hacia el pasado o que proyectara preocupaciones hacia el futuro.

Desperdiciaba el poder de mi mente magnética comparando, obsesionándome y quejándome de la realidad, en vez de apreciar, observar y experimentar con plenitud todo lo que la vida tiene que ofrecer.

¿Qué llevas dentro de tu mente que te impide estar donde estás?

Cuando la mente se desvía hacia el pasado o el futuro, te encuentras ahí y, como resultado, te pierdes el momento presente, que es el único lugar que existe de verdad.

Sintoniza con el presente

Seguro que recuerdas alguna ocasión en la que estabas presente de forma física, pero mentalmente te encontrabas en otro lugar. La mente humana posee un poder increíble para transportarse. El problema: con frecuencia usamos ese poder en nuestro detrimento y no en nuestro beneficio.

Qué piensas y cómo te sientes traza la señal vibratoria que el universo utiliza para alinearte con tus deseos.

Es como sintonizar la radio. Si deseas escuchar y bailar música house, tienes que ajustar tu radio a la frecuencia de la emisora correspondiente. Para experimentar el amor y la abundancia, necesitas sintonizar tu radio interior (tus pensamientos y emociones) para que coincida con la frecuencia del amor y la abundancia. Puedes atraer tus deseos enviando una señal coherente alineada con lo que deseas. Lo haces a través de tu vibración predominante a cada momento.

Hay muchos canales y frecuencias diferentes disponibles para explorar, pero primero debes sintonizarte con ellos. Por eso estar presente es tan importante. Si mantienes la atención en el momento presente (en otras palabras "eres consciente") y percibes cómo te sientes y en qué piensas, momento a momento, puedes cambiar tu vibración al canal que deseas experimentar.

Es fácil estancarse en patrones de pensamiento repetitivos. Según el doctor Fred Luskin, de la Universidad de Stanford, un ser humano tiene alrededor de 60 mil pensamientos al día, de los cuales 90 por ciento son repetitivos.[16] Esos pensamientos recurrentes suelen provocar las mismas respuestas emocionales. Cuando quedas atrapado en patrones del pasado o proyecciones del futuro, de manera continua crearás desde ese espacio familiar y seguirás sintonizando la misma emisora.

Estar presente te permite abrirte a nuevos pensamientos, sentimientos y experiencias. Cuando tomas la decisión de empezar un nuevo capítulo y manifestar algo más allá de tus circunstancias actuales, haces una gran inversión tanto de tiempo como de dinero. Pero no pases por alto la inversión más vital de todas: tu presencia y tu atención.

Desbloquea tu poder interior

Tu presencia es un factor clave para desbloquear el poder interior y abrirte al potencial ilimitado que tienes a tu disposición.

El presente, tanto en el mundo interior como en el exterior, es el único lugar en el que existimos de verdad, es donde todo se desarrolla y todos los potenciales son posibles. Sin embargo, muchos de nosotros rara vez estamos realmente presentes cuando se trata de lo que en verdad deseamos.

Quizá estamos aquí de forma física, pero la energía se dirige a otra parte, preocupados por recuerdos del pasado o reflexionando preocupaciones hipotéticas sobre el futuro, lo que también se denomina "viajes al futuro". Quiero aclarar que viajar al futuro es muy diferente a utilizar la imaginación para atraer algo a través de la visualización consciente.

Distracción versus atención plena

Estoy segura de que te sientes identificado con momentos de tu vida en los que has sido como mi estudiante Emily en Bali: por fin llegas a un lugar hermoso que has anhelado y deseado, pero tan atrapado en tu parloteo mental y atascado en tus historias que no te das cuenta de que estás ahí.

Eso se denomina "estado de distracción mental": cuando estás presente de forma física, pero no mental. Estás distraído y desconectado de la realidad física, mientras que tu mente se involucra en una realidad interna.

La distracción mental se ha convertido en la norma. La mayoría de las mentes modernas están secuestradas porque todos llevamos dispositivos en los bolsillos que actúan como portales, desviando la mente por tangentes mentales a través de la gran variedad de aplicaciones y redes sociales que compiten por nuestra atención.

Revisamos el teléfono por miedo a perdernos lo que ocurre en otro lugar, cuando nos estamos perdiendo lo que ocurre en nuestras vidas. Al invertir la energía y presencia en los teléfonos, televisores o cualquier otra forma de entretenimiento, confiamos a esas cosas nuestra atención, dándoles el poder de influir en nuestro estado actual, en lugar de ser conscientes de que podemos elegir cómo sentirnos. ¿Cuántas veces has hecho algo que podría ser bastante agradable y placentero (como tomar el café de la mañana o salir a dar un paseo) y, en cambio, durante el tiempo de esa actividad, te la pasaste pensando en lo que acababas de ver en línea?

Lo contrario de la distracción es lo que llamamos "atención plena": el estado de estar enteramente aquí, inmerso en el momento presente, experimentando la vida momento a momento. La falta de atención plena en el mundo actual es uno de los factores clave que reducen nuestros poderes magnéticos. La falta de atención disminuye nuestro potencial, ya que dispersamos la atención y nos quedamos atrapados en un estado perpetuo de sobrepensamientos, reminiscencias y viajes al futuro.

Creo que la atención plena se describe mejor como el arte de no perderse la vida, mientras que la distracción mental es el arte de perderse el único momento en el que existes: el "ahora", el momento en el que estás leyendo estas palabras.

Entonces, ¿cómo puedes ser más consciente? La respuesta suena fácil: "Hay que estar presente". Pero todos sabemos que es más fácil decirlo que hacerlo. Debemos rechazar la presión de actuar más, hacer más; es haciendo menos como se accede a la atención plena.

Al fin y al cabo, la atención plena no es un estado de hacer, es un estado de ser.

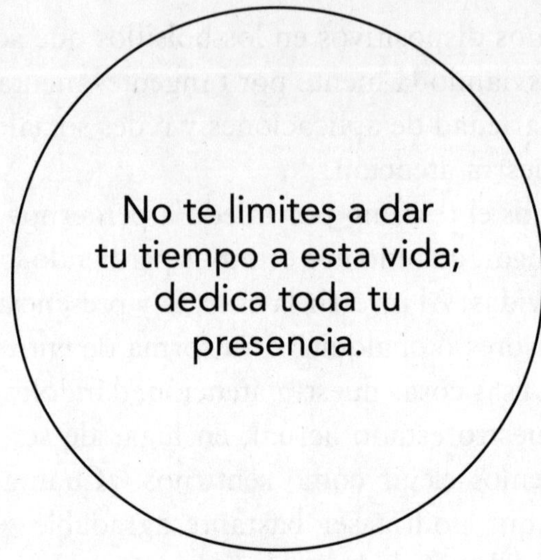

El mayor obstáculo para vivir con más atención plena es una mente hiperactiva, con poco control sobre hacia dónde se dirige la conciencia. Aquí entra en juego la meditación.

Recordatorios magnéticos

- Si te quedas atascado en patrones del pasado, seguirás creando desde un lugar familiar y restrictivo.
- El viaje al futuro es diferente de la visualización consciente; es el hábito de la distracción mental.
- Encontrarás tu poder en el momento presente.

20. No es lo que piensas

Es muy probable que alguna vez hayas intentado meditar, pero no lo lograras. Quizá pensabas que tenías demasiados pensamientos (qué juego de palabras) o eras escéptico y lo considerabas un ritual irrelevante para gente con mucho tiempo libre.

Tanto si lo has probado como si no, me gustaría dejar una cosa muy clara: esta sección del libro no trata solo de la "meditación". Es mucho más amplia que eso.

La meditación se puede ver como una herramienta. Se trata de afinar la conciencia y entrenar la mente para que se convierta en una poderosa fuerza magnética que te permita atraer sin esfuerzo todo lo que deseas y, por fin, experimentar el amor, la plenitud y la abundancia que te corresponden por derecho de nacimiento.

El elefante interior

Imagina un majestuoso elefante salvaje. Visualiza ese animal en todo su esplendor, vagando libre por tierras abiertas, moviéndose con gracia como una verdadera personificación del poder, la confianza y la paz.

Ahora deja esa imagen y piensa en un elefante cautivo y destrozado, una criatura antaño magnífica que ahora se exhibe con fines de explotación humana. Ese animal ya no es libre; vive encadenado, con su espíritu innato roto. Fue reducido a una atracción en un parque de diversiones... ya no es un símbolo de grandeza, ahora es solo otra imagen para el feed de Instagram.

Cuando se le mantiene en ese entorno hostil y carente de poder, el animal, antaño imponente, se vuelve inconsciente y se desconecta de su poder, viéndose a sí como pequeño e impotente cuando, en realidad, sigue siendo el mamífero terrestre más grande y poderoso de la Tierra.

Tu mente magnética es muy parecida a ese elefante. Puede volverse pequeña, mansa, dubitativa y débil cuando se la deja inconsciente y dormida ante sus capacidades. Como resultado, tu intuición, imaginación, conciencia y atención, los dones más poderosos que posees para manifestar tus deseos, disminuyen y tu verdadero potencial queda sin expresar. En ese estado de falta de poder, es muy fácil que tu mente magnética sea manipulada por el mundo exterior, ahogada por una voz interior caótica y ensombrecida por los traumas pasados.

Cuando despierta y se libera, tu mente magnética es como el elefante salvaje: una fuerza a tener en cuenta, sabia, majestuosa, fuerte, segura y soberana. Se convierte en una expresión imparable e inspiradora de la madre naturaleza, un guerrero pacífico que vive en armonía con todos.

Para acceder a esta forma de ser, debes tomar conciencia de tu poder interior y liberarte de las cadenas que te mantienen manipulable y viviendo en un estado de miedo. La manera de "aprovechar" y acceder al poder del que dispones es yendo hacia tu interior. Como el animal salvaje, tu fuerza proviene de ser consciente de tu fuerza: es tu derecho de nacimiento y está a tu alcance ahora mismo.

El elefante domado posee el mismo poder que el salvaje. La diferencia está en su estado mental. Uno ha sido condicionado a creer que es pequeño e inferior, mientras que el otro no.

Conócete a ti mismo

La mejor manera de describir la meditación es "tomar conciencia" o "volverse consciente". Meditar es practicar la conciencia: conciencia del diálogo interior, de las emociones, de las reacciones y de las creencias.

Al aumentar tu conciencia, te conviertes en algo más grande que tus pensamientos, dudas, problemas y el parloteo interno que mantienes siempre dentro de la cabeza. La conciencia crea opciones. Como observador de tu mente, te das cuenta de que el hecho de tener un pensamiento no significa que debas aceptarlo. Te conviertes en un elefante poderoso, pero pacífico, que sigue su camino. Nada es capaz de detenerte.

Todo en tu vida refleja tu estado mental. Una mente caótica crea una vida caótica; una mente llena de pensamientos de carencia se reflejará en una vida de lucha y sufrimientos. Debes ganar control y conciencia del diálogo interior para hacerte cargo de la narrativa que, de forma continua, crea y recrea las circunstancias y efectos en tu vida. Reprogramar la mente subconsciente requiere la capacidad de observarte a ti y a tus patrones de pensamiento, acción y sentimiento.

Para ello, la meditación es tu mejor aliada. Es la práctica sistemática de calmar, alinear y tomar conciencia de tu parloteo interno.

Abraham Lincoln, el decimosexto presidente de Estados Unidos, dijo en una ocasión: "Dadme seis horas para talar un árbol y me pasaré las cuatro primeras afilando el hacha". Esta sabiduría puede aplicarse a la perfección a tu mente magnética. La meditación es una práctica fundamental que impacta en todos los ámbitos de la vida.

En el capítulo 7, "Conciencia", aprendimos que aquello en lo que nos centramos se expande. La aterradora implicación de esta afirmación es que dado que la mente moderna no medita pierde gradualmente la capacidad de mantener la atención sostenida... también perdemos la capacidad de crear nuestra realidad de manera consciente.

La distracción, el miedo y la confusión son los sellos distintivos de la existencia moderna; parece que la norma es ir por la vida sintiéndonos dispersos, inconscientes e ignorantes de la fuerza que yace en nuestro interior. Perdemos el tiempo y la energía fijándonos en los resultados negativos de la vida, sin darnos cuenta de que, con frecuencia, esos resultados empiezan con patrones de pensamiento que nos quitan poder.

Los pensamientos que albergamos en la mente importan; son las semillas a partir de las que se desarrolla nuestra vida.

El jardín interior

Imagina, por un momento, que la mente es tu jardín interior, el lugar desde donde todo en la vida echa raíces y crece. Ese jardín contiene muchas parcelas diferentes para todo lo que deseas crear. Amor, salud, amigos, familia, todo está representado.

Ahora bien, una de esas parcelas está dedicada al dinero, pero para tu consternación, ahí no crece nada. De hecho, esa zona de tu jardín parece yerma, con un suelo seco, suelto y arenoso, llena de piedras y guijarros.

La tierra improductiva simboliza tu mente desenfocada y dispersa, mientras que las piedras y los guijarros representan los complejos e historias que te han agobiado y han mantenido tu atención fija en la carencia y la limitación.

Como comprendería cualquier jardinero diligente, sabes que solo plantar más árboles del dinero en ese suelo infértil y seco no resolverá tus problemas financieros. La raíz del problema no está en las semillas de los árboles del dinero que deseas plantar, sino en el entorno donde esas semillas están plantadas. Tu mente sirve como un entorno, un ecosistema vivo, donde todas las semillas del deseo están destinadas a ser sembradas para dar frutos.

Sé que tienes semillas de deseo esperando a ser plantadas; no estarías leyendo este libro a menos que estuvieras destinado a hacer algo increíble con tu vida. Deseas ir tras tus sueños sintiéndote alineado, en paz y en calma durante todo el proceso. No esperes recibir una cosecha abundante o consistente si no cuidas el entorno (tu mente) como el jardinero cuida la tierra.

Mi objetivo en esta sección del libro es darte las herramientas que tu mente magnética necesita para asegurar la mejor cosecha de esas semillas. Quiero asegurarme de que lo que plantes tenga el entorno adecuado para dar frutos.

Juntos, transformaremos tu hermoso jardín mental en una obra maestra magnética que hará que el proceso de atraer y cultivar cualquier cosa con la que hayas soñado no te suponga ningún esfuerzo.

Recordatorios magnéticos

- La meditación es la herramienta definitiva para perfeccionar la conciencia, la atención, la intuición y la imaginación (los recursos más poderosos para manifestar tus deseos).
- Te entrena para convertirte en el observador de tu mundo interior (pensamientos, emociones, reacciones y creencias) y sirve como una práctica fundamental que impacta en todas las áreas de tu vida.
- Mediante la práctica regular de la meditación, puedes transformar tu mundo interior para apoyar la realidad exterior que deseas crear.

21. Cómo meditar

El primer paso para convertirse en un meditador es replantearse la meditación de una lujosa pérdida de tiempo a un camino directo hacia la vida de tus sueños. Buena noticia: la meditación no es una habilidad inalcanzable reservada solo para monjes, yoguis y gurús iluminados.

Para convertirte en un meditador experto, no necesitas cuentas *japa mala*, vestir de blanco, sentarte en postura de loto ni ser nada distinto a lo que ya eres. La meditación tampoco es una práctica reservada para una religión u otra.

En pocas palabras, no necesitas creer, ser o hacer nada diferente para empezar a meditar.

Causa y efecto

Recordatorio: no eres tu mente, eres la conciencia que existe más allá de la mente.

El universo funciona según la ley de causa y efecto; para que se produzca un efecto, primero tiene que haber una causa que lo haya creado. La mayoría de los efectos de nuestro universo son el resultado de un esfuerzo mental y físico. Intentar, hacer y esforzarse es nuestro método habitual para conseguir cualquier cosa. El logro está muy arraigado en nuestra cultura, reforzado por dichos populares como "si no duele no sirve" y "cosechas lo que siembras". Ese enfoque, aunque eficaz en la mayoría de los ámbitos de la vida, es la razón más común por la que los principiantes tienen problemas con la meditación. Resulta que la naturaleza paradójica de la meditación requiere lo contrario a esforzarse. Cuando se trata de calmar la mente, entre más te esfuerces, más trabajo te costará.

El poder de la mente se despliega para quienes están dispuestos a sentarse con ella.

El efecto deseado de claridad, calma y armonía interior se consigue haciendo menos, no más. Eso se explica mejor con una analogía.

Los pensamientos que se arremolinan en tu mente son como una masa de agua turbia; son reactivos y fluidos, salpicándose unos a otros en un perpetuo estado de movimiento fácil de mantener. Para que el agua (tu mente) se asiente y aclare, debes aprender a dejarla en paz el tiempo suficiente para que se calme por sí sola.

El problema es que, como un niño demasiado entusiasta, quieres sumergir el dedo en el agua y darle vueltas, con lo que la mantienes en un perpetuo estado de mezcla turbia.

El dedo, en este caso, es tu atención.

Cuanto más centras tu atención en los pensamientos, se vuelven más pronunciados. Los pensamientos de la mente utilizan la energía de tu atención como fuente de energía para mantener un estado constante de actividad.

Comprender eso es el secreto para que la meditación sea eficaz. Cuando retiras la atención de tus pensamientos y los dejas en paz, por así decirlo, estás (al mismo tiempo) quitándole a tu mente el recurso más esencial que necesita para mantener el bombardeo constante de pensamientos aleatorios.

Una mente asentada puede centrarse sin esfuerzo en las cosas que desea manifestar. Cuando domines esa habilidad, habrás desbloqueado la herramienta más poderosa para aprovechar tu mente magnética.

¿Cómo dejar los pensamientos en paz?

Para ayudar a mantener la atención alejada de los pensamientos que pasan por la mente durante la meditación, añadimos lo que se conoce como "mantra". La palabra tiene su origen en las enseñanzas hindúes y budistas, y los mantras han sido utilizados durante siglos por los meditadores como una herramienta para ayudar en la búsqueda de la paz interior.

En este contexto, un mantra puede describirse como un "instrumento mental". Adopta la forma de un sonido armonioso que se repite dentro de la cabeza y que proporciona un punto de enfoque singular durante la meditación.

Hay muchos mantras en la enseñanza védica y budista, pero no tienes que usar un mantra que se origine en esas prácticas para comenzar a explorar la práctica de la meditación. Dicho eso, si te sientes llamado a seguir el camino de un linaje de meditación tradicional, te recomiendo que sigas la intuición y explores esa ruta.

Mi intención en este libro es compartir un camino que beneficia y está disponible para todos, sin importar su origen, religión o creencias personales.

Cómo utilizar el mantra

El mantra es tu punto focal durante la meditación, un lugar donde estacionar tu conciencia y un espacio al cual volver cuando tu mente divague. Piensa en él como si fuera tu base. Mientras meditas, repites el mantra en tu mente, de manera suave y rítmica, asegurándote de que permanece en el centro del lugar al que vuelve tu atención.

Al meditar, es natural que la mente divague en pensamientos aleatorios sobre el futuro y el pasado. Lo más probable es que divague mucho; al fin y al cabo, tu mente ha estado pensando todo el día, todos los días, desde que naciste. Se calcula que tenemos un promedio de 60 mil pensamientos diarios, así que lo más natural es que tu mente siga queriendo pensar más y más y más... sobre todo si estás sentado y quieto.

Cuando descubras lo difícil que es mantener la atención en una cosa durante más de un segundo, es posible que te sientas molesto. Eso es natural al principio de una sesión de meditación (en especial, durante las primeras semanas de aprendizaje). La clave está en la persistencia y la paciencia. Controla tus expectativas: incluso durante diez minutos de meditación, es normal que debas volver a concentrarte en el mantra cien veces o más.

Si la mente no divagara y tú no la devolvieras al mantra, no tendrías la oportunidad de entrenar tu mente magnética. Piénsalo como una repetición de ejercicio; no luches contra eso, acéptalo y vuelve al mantra.

Una buena forma de replantearse la potencialmente frustrante desobediencia de la mente es pensar en tu atención como si fuera un cachorro al que estás adiestrando. Si colocas al cachorro frente a ti y le dices "¡Siéntate!" en voz alta, lo más probable es que se levante y se aleje en un segundo. ¿Qué hay que hacer? Muy sencillo: toma al cachorro, vuelve a sentarlo frente a ti y repite "¡Siéntate!" en voz alta.

Quizá necesites hacer esto muchas veces, una y otra vez, hasta que por fin el cachorro capte el mensaje y escuche la orden. Incluso si solo se sienta unos pocos segundos lo considerarás un progreso significativo.

Aplica la misma paciencia y expectativa positiva a tu mente. Cualquier reacción, como la frustración, el juicio o la decepción, son solo más pensamientos disfrazados de otra cosa.

La mente juega malas pasadas

Cuidado con los trucos que te jugará la mente para mantenerte pensando y rumiando sin parar.

- "¡Ay, soy muy bueno en esto!"
- "Me pregunto cuánto falta para que suene la alarma."
- "¿Por qué no puedo quedarme quieto más de un segundo?"
- "Esto es mucho más fácil de lo que esperaba."
- "¿Qué fue ese sonido? Ojalá todo estuviera más tranquilo."

Si surgen pensamientos de ese tipo durante la meditación, obsérvalos sin juzgar y luego guía suavemente tu conciencia de vuelta al mantra.

El cuerpo durante la meditación

Ahora que ya sabes qué hacer con la mente, es hora de ocuparse del cuerpo, esa hermosa envoltura humana en la que tu alma experimenta la jugosidad de la vida humana. A muchas personas les cuesta meditar, no solo por la mente, sino por la incomodidad que sienten en el cuerpo.

La cultura popular cree que sentarse en posición de loto o con las piernas cruzadas es una parte clave para meditar con éxito, aunque eso no es cierto. Importa que tu cuerpo esté en una posición cómoda en la que puedas permanecer sentado, sin dolor ni necesidad de mover los pies.

Al meditar, deseas ser capaz de olvidarte del cuerpo para poder sumergirte en tu interior y experimentar esa profunda quietud que existe más allá de las sensaciones físicas y del ruido de la mente.

He aquí algunos consejos para encontrar la comodidad en el cuerpo al meditar.

Buena postura

Siéntate derecho con una buena postura, manteniendo la cabeza equilibrada sobre los hombros. Por muy tentador que resulte encorvarse, reclinarse o tumbarse, esas posturas aumentan las probabilidades de quedarse dormido. Durante la meditación, la mente entra en estados de reposo muy profundos, por eso es fundamental encontrar un equilibrio entre una postura cómoda y una que nos mantenga alerta.

Base adecuada

Lo mejor es meditar en una silla con respaldo, en un banco contra la pared o en un sofá que te permita sentarte derecho. Utiliza almohadas cuando sea necesario para ajustar y apoyar la postura, por ejemplo, aumentando el ángulo del respaldo. Si deseas sentarte en el suelo, puedes hacerlo con la espalda apoyada en una pared. Recomiendo a la mayoría de la gente que amortigüe las espinillas y eleve el trasero para no forzar los isquiotibiales, las rodillas y la zona lumbar.

Consejo: comprueba siempre la comodidad. La meditación requiere quietud en el cuerpo. Una posición adecuada para el primer minuto de meditación puede convertirse en una sensación punzante y molesta dentro de diez o 15 minutos, lo cual limitará la profundidad de la sesión.

Manos y pies

Siéntate en una silla con los pies separados a la altura de los hombros y las manos apoyadas en el regazo o en las rodillas, con las palmas hacia arriba. Durante la sesión, intenta no moverte, por ejemplo, frotándote los pies o las manos. Enseña a tu cuerpo y a tu mente quién manda ignorando la necesidad de moverte sin sentido, rascarte, picarte o cambiar de posición de manera compulsiva.

Vibraciones meditabundas

Como practicante de meditación desde hace más de una década, puedo meditar en cualquier momento y en cualquier lugar, pero cuando empecé no era así. A los nuevos meditadores les recomiendo que encuentren su versión de un "espacio sagrado", un lugar donde puedan estar solos y sin interrupciones.

Pequeñas molestias que por lo general no percibes suelen resultar intrusivas durante la meditación, sobre todo en las primeras semanas. Los ruidos, la temperatura, el picor de las telas, incluso el zumbido de una mosca, dificultan la concentración, así que gestiona tu entorno como puedas para encontrar la máxima comodidad e intimidad.

Ahora que ya tienes el espacio, la posición ideal y los conocimientos básicos, es hora de revisar la estructura de la sesión. Mi recomendación es que sea de 20 minutos, ya que es el tiempo ideal para crear un estado de calma interior.

Es tiempo suficiente para asentarse, pero no tanto como para que parezca inalcanzable.

Si eso te parece demasiado, cualquier meditación es mejor que nada, así que empieza con lo que puedas. Animo a los nuevos meditadores a que practiquen una sesión completa para sentir su poder, pero luego vayan aumentando hasta llegar a una sesión de 20 minutos a lo largo de cuatro semanas. Empieza con cinco minutos al día la primera semana, diez la segunda y 15 la tercera. En la cuarta semana, alcanza el punto óptimo: 20 minutos al día.

Tu mantra

Ahora que conoces los conceptos básicos, estás listo para la última pieza del rompecabezas: tu mantra.

El sonido mental que me gustaría darte en este libro es "So Hum".

Ese sonido armonioso será la herramienta para ayudarte a acceder a un estado más profundo de conciencia trascendente y dicha.

La forma de reproducir ese sonido dentro de la mente es a un ritmo lento y prolongado: "Sooo... Huummmm".

Repite este sonido de manera suave dentro de tu mente durante cada sesión. Si tu conciencia se desvía, vuelve a "So Hum".

Como tu profesora de meditación, nada me gustaría más que ayudarte con la práctica que ha transformado mi vida. Para más orientación y para practicar conmigo, dirígete a www.magneticbook.com/mindspomethod o sigue los pasos de mi Método de Meditación Mindspo.

Calmar el ruido de la cabeza: sesión de 20 minutos

1. Programa una alarma para que suene en 20 minutos (lo ideal es un sonido suave), busca un asiento cómodo y cierra los ojos.
2. Empieza a concentrarte en tu respiración y relaja el cuerpo. Respira por la nariz, manteniendo la conciencia en la inhalación y la exhalación. Con cada exhalación, siente que te relajas un poco más.
3. Después de un minuto de concentrarte en la respiración, imagina una caja sólida con paredes gruesas y una tapa abierta. Utilizando tu imaginación, deja que cualquier pensamiento, preocupación o tarea pendiente entre en la caja. Cuando todas esas cosas estén en la caja, imagina que una tapa gruesa, fuerte y pesada las cierra y deja que la caja se desvanezca.
4. Ahora, volviendo a tomar conciencia de tu respiración, empieza a repetir el mantra dentro de la mente, con un ritmo lento e hipnótico. Mantén tu atención en el mantra. Si surge un pensamiento, solo nótalo y vuelve a centrarte en el mantra.
5. Cuando suene la alarma, mantén los ojos cerrados, apaga la alarma con una mano, deja de repetir el mantra y vuelve a centrar tu atención en la respiración. Dedica el último minuto a instalarte en el momento presente, notando la respiración, el cuerpo y la quietud interior que acumulaste.

Tras cada sesión, recuerda una cosa por la que estés agradecido y por qué. Al hacer borrón y cuenta nueva, se genera el momento perfecto para plantar una intención positiva y agradecida en tu mente.

La meditación te permitirá ver que las respuestas que buscas ya están dentro de ti. El problema es que interferimos la señal con tanto ruido... que la voz de nuestro yo superior, nuestra intuición, el universo, dios, el espíritu, lo divino, tu verdadera esencia (como quieras llamarlo) no puede llegar.

Esa es solo una de las muchas razones por las que la meditación es tan poderosa. Con constancia, esta sencilla práctica ayuda a bajar el volumen de ese insistente ruido de la cabeza, permitiendo que la voz de la verdad dentro de tu mente magnética por fin llegue hasta ti.

Tal vez ya probaste la meditación y decidiste que no es lo tuyo. Lo entiendo, permíteme ser clara: cuando empecé a meditar, lo odiaba. Todo el concepto era justo lo contrario de lo que deseaba hacer. ¿Quién demonios quiere cerrar los ojos y profundizar en sí mismo cuando es exactamente de lo que está huyendo? Yo no.

Hacía cualquier cosa por no pensar, sentir o enfrentarme a mi yo más íntimo. La idea de sentarme conmigo sin distracciones, con los ojos cerrados, era mi idea del infierno.

Antes de aprender a meditar, nunca me había detenido ni me había permitido hacer una pausa y ser testigo de lo que surgía, sin juzgarlo. En aquel momento, creía que todos los pensamientos, sentimientos y ruidos de la cabeza eran "yo". Los odiaba y, a su vez, me odiaba y me rechazaba.

Pero yo no soy mis pensamientos, ni mi cuerpo, ni mis sentimientos, y tú tampoco. Todos ellos son solo experiencias temporales de nuestra alma. Tú eres mucho más que eso y la meditación te ayuda no solo a verlo, sino a comprenderlo de una manera difícil de expresar con palabras. La meditación es la mayor paradoja de todas.

- Te sientas en el ruido y, a su vez, descubres el silencio.
- Intentas menos, pero atraes más.

- Requiere poco esfuerzo, pero ofrece las mayores recompensas.
- Te enfrentas a tu caos interior y, a cambio, recibes lo más valioso de todo: paz mental.

Si eres como yo era, sé que te estás diciendo que tienes mil y una razones por las que crees que no te funcionará. Pero tal vez, solo tal vez, si funciona para mí, puede funcionar para ti.

Recordatorios magnéticos

- La meditación no está reservada a los religiosos o espirituales; es para cualquiera que quiera dominar su mente.
- Cuanto más intentas calmar la mente, más se resiste; la verdadera claridad y la calma vienen de dejar ir y hacer menos.
- La clave de una meditación eficaz es apartar la conciencia de los pensamientos y cortar la energía que alimenta el parloteo mental.
- Un mantra es un sonido que se repite dentro de la cabeza y que sirve como punto focal durante la meditación para anclar la conciencia y volver a él cuando la mente divaga.
- Crea un espacio sagrado e imperturbable y encuentra una postura corporal cómoda, pero que te mantenga alerta, permitiéndote sumergirte en tu interior.
- Con el tiempo, meditar regularmente te ayuda a desprenderte de tus pensamientos y sentimientos, a callar tu voz interna y te aporta la recompensa más valiosa de todas: la paz interior.

22. Las trampas de la mente

Trampa 1: "No tengo tiempo para meditar"

Déjame hacerte una pregunta: ¿te cepillaste los dientes hoy?

Supongo que has contestado que sí.

Piensa en lo siguiente: en una escala del 1 al 10, ¿qué importancia tienen para ti tus dientes? Probablemente del 8 al 10, ¿verdad? No tener dientes sería bastante triste, y tener el aliento podrido sería asqueroso. Tardas unos dos minutos en cepillarte los dientes, quizá tres si tu dentista ha hecho un excelente trabajo convenciéndote de que utilices hilo dental.

Lo haces dos veces al día, sin pensarlo mucho, porque es algo obvio para ti y uno de los programas clave que tus padres instalaron en tu subconsciente. Del mismo modo que no utilizarías la excusa de "no tengo tiempo" para no lavarte los dientes, ¿por qué permitir la misma excusa cuando se trata de tu mente?

La cruda realidad es que sí tienes tiempo; solo es cuestión de hacer de la meditación una prioridad. Sí, requerirá algún sacrificio, pero todo lo que merece la pena hacer también lo requiere.

Comprueba en tu teléfono cuánto tiempo has perdido hoy en las redes sociales y dedica solo diez minutos de ese tiempo a limpiar la memoria caché de tu mente.

Todos tenemos la misma cantidad de horas al día; solo tenemos que decidir cómo repartirlas. La próxima vez que la mente te diga que no hay tiempo, pregúntate: *¿tengo tiempo para no sentirme lo mejor posible?*

Trampa 2: "No puedo meditar"

La cuestión es la siguiente: no conseguirás nada con una actitud de "no puedo". Si tienes mente, puedes meditar.

Baja tus expectativas, abandona todas las ideas preconcebidas sobre cómo se supone que debes sentirte o ser... y practica la meditación.

La meditación no es algo que hagamos "bien"; es una práctica que te ayuda a mejorar en la vida y en la creación de la realidad. El objetivo no es convertirse en un buen meditador. Se trata de cosechar los beneficios de la meditación y vivir una buena vida.

Trampa 3: "Pienso demasiado"

Siempre me hace gracia esta excusa, porque también era la mía cuando empecé: "¿Cómo voy a vaciar la mente si tengo tantos pensamientos?".

De hecho, si crees que piensas demasiado, eres el candidato perfecto para meditar.

La meditación no consiste en vaciar la mente o en no tener pensamientos; consiste en observar los pensamientos y tomar conciencia de ellos, verlos como simples cosas en lugar de quedar atrapado en ellos.

Sobrepensar es justo la razón por la que meditas en primer lugar, no la razón para evitarlo. Si aprendes a dominar tu atención, podrás dominar la vida misma.

Trampa 4: "Mi mente no se detiene"

En primer lugar, si tu mente se detuviera, sería preocupante. Piénsalo así: tu corazón late, tus pulmones se llenan de aire y tu mente piensa. Pensar es la función de la mente; esperar que deje de pensar, cuando has estado pensando sin parar desde que naciste, es una expectativa intensa y poco realista.

No necesitas detener la mente; la meditación no consiste en forzar. Se trata de fluir y observar los pensamientos sin juzgarlos, como observarías las nubes en el cielo o las olas en el mar.

Trampa 5: "Tengo miedo de estar a solas con mis pensamientos"

Si esto te resuena, te envío un abrazo virtual. Lo entiendo; pasé por eso. Cuando los pensamientos son pesados e intensos, sentarte con ellos parece agobiante y es lo último que quieres hacer. Pero así está la cosa: ya estás solo con tus pensamientos.

Aunque estemos solos en nuestro mundo interior, no tenemos por qué estarlo en nuestra realidad exterior. Busca a personas que también estén comprometidas con la expansión (en comunidades locales, clases de meditación, escuelas de yoga, un retiro o cualquier otro lugar que reúna a seres humanos con ideas afines). Encontrarte rodeado de otras personas en el mismo camino puede ser increíblemente sanador. Quizá te sientas solo dentro de tu cabeza, pero debes saber que no necesitas recorrer ese camino solo; somos mucho más fuertes cuando nos unimos.

Has estado solo con tus pensamientos desde que empezaste a ser consciente de ellos, y vas a estar solo con tus pensamientos hasta que abandones este recipiente humano que temporalmente llamas hogar. Estás atrapado contigo por el resto de tu vida... y la meditación es la forma de mejorar tu relación interna contigo.

Trampa 6: "No tengo la disciplina"

¿Y si en lugar de buscar disciplina para meditar, te comprometieras con la devoción? Devoción significa dar lealtad y amor a algo o a alguien. Entonces, ¿qué pasaría si vieras la meditación como un acto de devoción hacia ti? Y si lo deseas, también puede ser un acto de amor hacia lo que consideres un "poder superior".

En la devoción, te sientes atraído por la práctica; te llama a rendirte y a dejarte llevar, invitándote a realizarla, incluso en tu estado desordenado e imperfecto, pero humano. En cambio, la disciplina parece fuerza y dolor. Siente devoción por la meditación, comprométete a ir hacia tu interior y libérate de la necesidad de disciplina o perfección en tu búsqueda de la práctica.

Hazlo con amor, con fluidez, sin expectativas y sin imponer condiciones sobre lo que debería o no debería ser... Deja que la devoción sea la luz que te guía y te muestra el camino.

Trampa 7: "No puedo quedarme quieto"

Escucho esta queja habitual sobre la meditación, en particular de quienes se identifican como neurodivergentes. Bien, hay una solución sencilla: moverse antes de meditar. En las tradiciones yóguicas, la meditación suele practicarse después de las *asanas* (posturas) tradicionales y de la respiración. Esas prácticas sirven como herramientas que preparan el cuerpo y el sistema nervioso para la quietud. Es lógico que, cuando intentamos sentarnos sin ninguna preparación nos sintamos inquietos.

Aunque el yoga antes de la meditación es una gran práctica, no es para todo el mundo, por lo que recomiendo encontrar una canción animada que te haga moverte, bailar y agitarte antes de meditar. Ese enfoque hará que sentarse a meditar sea mucho más fácil y, con frecuencia, más relajante. Además, es una forma estupenda de liberar somáticamente lo que pasa por tu cabeza moviéndolo a través del cuerpo. Por encima de todo, mi mejor consejo es: no tengas miedo de experimentar, al fin y al cabo, ¡es tu práctica! Piensa que cada sesión de meditación es como un nuevo día. Algunos días, la mente y el cuerpo necesitarán cosas diferentes, así que mézclalo, diviértete y deja que suceda lo que quiera suceder. No hay meditadores "buenos" o "malos"; solo hay quienes meditan y quienes no.

Trampa 8: "La meditación es para hippies new age"

La meditación es una práctica laica: no hay reglas.

Puedes usarla como una práctica de optimización puramente mental y utilizar afirmaciones como "yo soy" en lugar de un mantra sánscrito, o hacer que la meditación forme parte de tu práctica espiritual... la elección es tuya.

Los primeros años de meditación, practiqué de manera muy secular, no espiritual y no religiosa. Incluso diseñé mi curso de meditación libre de todo dogma y apego religioso y espiritual, porque deseo que la meditación sea accesible a todo el mundo, sin importar sus creencias.

He enseñado meditación a estudiantes de diversos orígenes y culturas. Me siento honrada de haber tenido estudiantes cristianos, musulmanes, católicos, hindúes, sijs, agnósticos y ateos. No soy un gurú; como profesora de esta práctica ancestral, mi intención es capacitarte para decidir lo que la meditación significa para ti. No estoy aquí para decirte cuál es o no tu poder superior; eso debes descubrirlo o decidirlo tú. Estoy aquí para mostrarte cómo utilizar esta hermosa herramienta mental para ser más magnético y descubrir tu verdad. Tú decides cuál es esa verdad y qué significado le das a esta práctica.

Tienes, y siempre tendrás, las respuestas en tu interior.

La meditación es una herramienta que te ayuda a conectar con tu poder mayor porque te está esperando.

Recordatorios magnéticos

- Cuando empieces con tu práctica de meditación, ten cuidado con la mente porque creará excusas para evitarla. No se trata de encontrar tiempo para meditar; se trata de hacer de la meditación una prioridad.
- El objetivo de meditar no es convertirse en un experto, sino experimentar los beneficios y vivir una vida plena.
- Sobrepensar es una razón para meditar, no para evitarla.
- La meditación refuerza tu relación interna contigo, reduciendo los sentimientos de aislamiento en tu mundo interior. Conectar con otras personas que también se centran en el desarrollo personal puede ayudarte a sentirte menos solo en tu mundo exterior.
- Si la disciplina es un reto para ti, intenta ver tu práctica de meditación como un acto de devoción hacia ti.
- Realizar algún tipo de movimiento antes de meditar te ayudará a preparar el cuerpo y el sistema nervioso para la quietud.

PARTE 5

Cómo utilizar tu mente magnética

23. Cómo atraer el amor

En mi experiencia de vida, hubo innumerables ocasiones en las que me sentí perdida e insegura sobre cómo responder, qué acción emprender o hacia dónde dirigirme. En esos momentos de incertidumbre, me hice (y me hago) una sencilla pregunta que me guía de manera constante por el camino correcto: ¿qué haría el amor?

El amor siempre es la respuesta.

Cuando actúas desde el amor, las personas, las oportunidades y las circunstancias adecuadas tienden a encontrarte, mientras que las cosas equivocadas se desvanecen de forma natural. El amor es un lenguaje universal de verdad y luz, es tu brújula interior sobre cómo hacer las cosas bien. Cuanto más permitas que el amor entre en tu corazón, más abundante fluirá en tu vida.

Para encontrar el amor, empieza por aprender a quererte de manera profunda, loca e incondicional.

El amor que buscas en los demás siempre puedes encontrarlo dentro de ti.

Deja que este capítulo te sirva de compañero para profundizar en tu autocompasión y sanar tus bloqueos subconscientes hacia lo que eres digno de recibir, para que puedas experimentar todo el amor que el universo tiene reservado para ti.

Y recuerda, cada vez que te sientas perdido o inseguro, pregúntate: ¿qué haría el amor?

El poder del amor propio

¿Cuándo fue la última vez que te miraste al espejo y dijiste "te amo"? Si no recuerdas haberte dicho esas dos palabras mágicas, te invito a incorporar una práctica llamada "trabajo del espejo" a tu rutina diaria de autocuidado. El trabajo del espejo, introducido por la difunta Louise Hay, muy reconocida como una de las pioneras del movimiento de desarrollo personal, es una práctica sencilla que ella consideraba el método más eficaz para quienes desean aprender a amarse a sí mismos.

Para algunos, la idea de decirse "te amo" en el espejo suena cursi y un poco melosa, pero esa práctica tiene mucho sentido si tenemos en cuenta cómo funciona la mente.

Reflexiona por un momento sobre alguien que no te cae bien: tal vez un colega molesto que intenta atribuirse el mérito de tu trabajo duro o algún examigo. ¿Cómo te sentirías si te cruzaras con esa persona por la calle? ¿Te sentirías alegre y feliz por el encuentro? No, lo más probable es que afloraran a la superficie las emociones más bajas que has asociado a esa persona.

Al igual que la mente conecta los pensamientos internos con la visión de otras personas, también asocia la visión de nuestro cuerpo con los pensamientos sobre nosotros mismos. Afirmar de forma constante creencias negativas mientras nos miramos al espejo lleva a la mente a asociar nuestro reflejo con estas percepciones que nos quitan poder.

Tomando en cuenta que solo tienes un cuerpo y una oportunidad de ser tú, aprender a quererte y apreciarte puede marcar la diferencia en tu experiencia de la realidad. Recuerda que no ves el mundo como es, sino como tú eres. Si estás lleno de odio hacia ti, esa es la energía que proyectas en el mundo y, en consecuencia, lo que el universo te refleja.

Ejercicio magnético para el amor propio

Si no conoces el trabajo del espejo, pruébalo la próxima vez que tengas un rato a solas en casa. Ponte delante de un espejo en el que puedas verte con claridad. Respira hondo unas cuantas veces y luego mira de forma fija tu reflejo, repitiendo las palabras "te amo [tu nombre]" y repítelo tres veces.

Al principio, eso puede resultar desconocido o hasta emotivo, pero no dejes que eso te detenga. Permite que las emociones afloren y se muevan a través de ti. Continúa esta práctica cada mañana durante unos días, honrando tus sentimientos y permitiéndote expresar amor por el recipiente que llamas hogar. A medida que te sientas más cómodo diciendo "te amo", puedes ampliar la práctica del trabajo del espejo con afirmaciones adaptadas a tus necesidades específicas.

Reprogramación para el amor propio

Puedes reconfigurar tu cerebro para que pase del odio al amor propio a través de la neuroplasticidad, utilizando una herramienta que he acuñado como "reprogramación compasiva". Enseño esta herramienta a los estudiantes que desean mejorar su autoestima. Con la práctica constante, he visto que ese método es supereficaz para interrumpir los bucles de pensamiento autodespreciativo y reconfigurar el cerebro para que sea más amable, todo eso por medio del poder del diálogo interno compasivo.

Cómo practicar la reprogramación compasiva

Empieza por vigilar tus pensamientos diarios y anota las frases muy críticas que te repites. Por ejemplo: "No soy lo bastante bueno", "no puedo hacer eso" o "soy malísimo".

Una vez que hayas identificado las frases que te quitan poder en tu diálogo interno, elige las que deseas cambiar y formula una respuesta compasiva para cada una. Estos reencuadres deben reconocer tus dificultades y, al mismo tiempo, reafirmar tu capacidad para crecer y progresar.

Es importante recordar que la compasión no consiste solo en ser positivo o tener "buena vibra", sino en cultivar la bondad honrando tu humanidad. Eres humano y, como tal, experimentas sufrimiento y luchas... y eso está bien. Con compasión, damos espacio a nuestra humanidad y "desorden", a la vez que honramos nuestras emociones.

Piensa en las reformulaciones compasivas como las respuestas que ofrecerías a un buen amigo: validando sus sentimientos y ayudándole a convertirse en la persona que sabes que es capaz. A través de la reformulación compasiva, te conviertes en tu entrenador para lo que más importa: el funcionamiento interno de tu mente magnética.

He aquí un par de ejemplos que te ayudarán a reprogramar tu mente magnética hacia la compasión.

- Pensamiento desalentador: "Soy pésimo en mi trabajo; no puedo creer que no haya alcanzado los objetivos de este mes".
- Reformulación compasiva: "Siempre estoy mejorando; me comprometo a encontrar formas de seguir mejorando".
- Pensamiento desalentador: "No estoy en forma; nunca conseguiré un cuerpo como el de mi entrenadora".
- Reformulación compasiva: "Su trabajo es estar en forma y lleva años entrenando. Yo estoy empezando".

Cuando notes que la mente se desliza hacia pensamientos poco cariñosos, interrumpe el patrón diciendo "shhhhh" o contando hacia atrás (5, 4, 3, 2, 1) dentro de tu mente y, luego, sustituye de inmediato el pensamiento por una reformulación compasiva.

Un ejemplo magnético

Como ya leíste, soy alguien que ha navegado por las alegrías de la dislexia. Con esa etiqueta de discapacidad de aprendizaje, acumulé abundantes pruebas de que escribir es un reto para mí, lo que me llevó a una fuerte duda y a una identidad pasada de que nunca podría enviar un correo electrónico sin que alguien me lo corrigiera y, mucho menos, ser una escritora profesional. Cuando empecé a escribir este libro, con frecuencia oía que mi voz interior decía cosas como:

- "Soy disléxica. ¿Quién soy yo para pensar que puedo escribir un libro entero?"
- "Este capítulo está supermal."
- "Por Dios, ¿qué estoy haciendo?"
- "¡Es solo cuestión de tiempo para que tu editor descubra que eres un fraude!"

Cada vez que detecto uno de estos pensamientos poco constructivos, lo interrumpo con un "¡shhhhh!" seguido de una reformulación compasiva, por ejemplo: "Puedo hacer cualquier cosa que me proponga; cada día escribo mejor; lo he conseguido."

Con la repetición, la reprogramación compasiva trabajará para reconfigurar tu mente magnética, haciendo que tu mundo interior sea un lugar más amable donde existir. Al fin y al cabo, estarás pegado a ti el resto de tu vida, así que, si hay algo que merece la pena cambiar, es tu relación contigo.

Tú eres tu primera, última y más larga relación, así que no te saltes el trabajo personal. La relación que tienes contigo es la base de todas las demás relaciones de la vida.

Te lo dice alguien que solía vivir con lo que parecía el crítico interior más cruel e implacable: con compromiso, repetición y devoción, puedes crecer más allá de tus limitaciones percibidas y reconfigurar tu mente magnética para el amor propio.

Ejercicios magnéticos para el amor y el perdón

El amor propio implica amarnos en todas las etapas de la vida y, con frecuencia, una falta persistente de amor propio se relaciona con nuestras experiencias infantiles. Esos recuerdos pueden permanecer en la mente y causarnos dolor a medida que envejecemos.

Por fortuna, a través del trabajo con el niño interior, podemos reeducarnos y sanar el pasado reconectando con nuestro yo más joven, utilizando la meditación y la visualización como medios de conexión. Aunque los padres o tutores contribuyeron a los recuerdos dolorosos, no son responsables de nuestra sanación. Si sientes que te estás aferrando a un dolor infantil que requiere perdón, considera probar mi meditación del niño interior para sanar las heridas que permanecen abiertas. Puedes encontrarla en www.magneticbook.com/innerchild.

Ejercicio magnético para la amistad

Siéntate con un papel y dibuja el contorno de una persona. Luego, alrededor de ese contorno, escribe todos los rasgos, intereses y valores clave que buscas en los amigos de tus sueños alineados con tu alma. Al hacerlo, concéntrate en sentir la energía de esa persona.

¿Cómo se la describirías a otra persona?

¿Qué colores la representan, dónde vive y cuáles son sus hábitos?

¿Qué valora?

¿Cuáles son sus rasgos?

Sé tan detallado como puedas. Después, cuando hayas terminado, observa todos los rasgos que valoras y autoevalúa cuáles de esos aspectos no tienes dentro de ti.

Si deseas un amigo que te escuche de verdad, pregúntate si te muestras como alguien que escucha a los demás. Si la confianza ocupa un lugar destacado en tu lista de valores, sé sincero sobre si has sido digno de confianza con las personas que ya tienes en tu vida. Como dice el refrán: "La mejor manera de tener un amigo es ser un amigo", porque la mejor manera de atraer a un amigo es estar en sintonía vibratoria con él.

¿Cómo puedes actuar de forma alineada para ser el tipo de amigo que deseas ser?

Una historia magnética

Cuando hice este ejercicio para mí hace años, me di cuenta de que la energía que más anhelaba era la de la sororidad. Deseaba profundamente tener amigas que me apoyaran, después de haber estado en una serie de amistades con energía competitiva y malvada.

Siendo honesta conmigo, me di cuenta de que, aunque esperaba esa energía motivadora de otras mujeres, yo no daba el apoyo que anhelaba. Al entender que mi mundo interior crea mi mundo exterior, me propuse ser una defensora y una aliada para las mujeres, en especial para las que elegía como amigas. Trabajé en mis historias internas de escasez en torno al éxito y mantuve una mentalidad de abundancia, de que había suficiente triunfo, amor y espacio para que todas tuviéramos éxito. Mirando hacia atrás, ese cambio de mentalidad se convirtió en el catalizador de las amistades más hermosas y solidarias (algunas hasta se convirtieron en socias de negocios). Si falta algo en tus relaciones, pregúntate qué no reflejas en tu interior.

Recuerda, cuando te conviertas en eso, lo recibirás.

Envíales amor

¿Alguna vez has visto en internet a alguien viviendo la vida de tus sueños? ¿O has visto a un amigo recibir algo que tú has estado manifestando para ti? Esa experiencia de ver a personas de tu comunidad conseguir lo que deseas puede provocar sentimientos de competencia y envidia, que son emociones naturales. Pero si se repiten de manera constante, esos pensamientos y sentimientos de baja vibración hacia la buena fortuna de los demás pueden hacernos mucho daño. Cuando tu mente magnética vincula emociones de baja vibración a algo que deseas para ti, envía un mensaje al campo cuántico de que tus deseos no coinciden con lo que eres. Lo semejante atrae a lo semejante, así que bendice a los que tienen lo que deseas.

¿En quién estás dispuesto a convertirte para atraer el amor?

Cuando alguien me dice que está intentando manifestar un tipo concreto de persona, una de las primeras preguntas que le hago es: "¿En quién estás dispuesto a convertirte para atraerla?".

Aunque esa interrogación parece contraintuitiva para la mayoría de los consejos, es muy poderosa para reflexionar. En la búsqueda del amor, la mayoría de la gente olvida que las relaciones funcionan en ambos sentidos. Al igual que tú tienes criterios sobre el tipo de pareja que deseas, la otra persona también tiene sus valores, preferencias positivas y negativas, normas y deseos. Es fácil quedar atrapado en nuestro mundo egoísta de deseos... y muchos olvidamos que manifestar una relación es un baile de dos. Una relación no solo tiene que ver contigo y tus necesidades, también con honrar y comprender al otro.

No puedes sentarte en una posición prejuiciosa y poner la vara muy alta para tu futura pareja o amigos, mientras tú mantienes la vara baja para ti mismo. Del mismo modo, no puedes esperar recibir el amor que mereces si te conformas con menos de lo que realmente vales.

Esto puede detonarte, pero quizá no has llamado a la relación de tus sueños porque aún no te conviertes en la pareja de la persona que deseas y mereces...

El secreto de esta dura, pero verdadera dosis de autoconciencia, es no minimizarte ni entrar en una espiral de "no soy lo bastante bueno". Aunque puedes hacerlo, no te servirá de nada. La mejor manera de avanzar es elevar tu frecuencia trabajando en tu identidad y tus estándares.

Si aceptas migajas de amor, atraerás a personas que te den migajas. Si tienes expectativas en la comunicación, pero no consigues comunicarte, quizá atraerás a comunicadores de mierda.

Si deseas atraer a tu rey, pero aún no personificas la energía de una reina, es muy probable que te encuentres con un bufón de la corte.

Si deseas el apoyo y la seguridad de alguien, pero nunca aceptas la ayuda que te ofrecen, ¿cómo podría alguien apoyarte?

Puedes decir todas las afirmaciones positivas que quieras y poner a esa pareja de ensueño en tu tablero de visión. Pero la realidad es que, si no tomas medidas valientes y alineadas y te conviertes en la versión de ti que tiene lo que desea, quizá te sentirás estancado, rechazado y abandonado.

Convertirte en la versión de ti que tiene lo que desea no significa abandonar lo que eres; se trata de elevar tu auténtico yo a todo lo que puedes ser para atraer a la persona con la que eres digno de asociarte.

Preguntas magnéticas para el amor

- ¿Qué normas tengo para los demás que no respeto para mí?
- Imagina la versión de ti en la relación de tus "sueños". ¿En qué se diferencia de la versión de ti que está sentada aquí hoy?
- ¿Dónde me estoy minimizando?
- ¿En quién estoy dispuesto a convertirme para tener lo que deseo?
- ¿Qué debo cambiar para convertirme en la pareja vibratoria de la persona de mis sueños?
- ¿Dónde me estoy conformando con menos de lo que merezco?
- ¿Qué puedo ganar con estos cambios?

La mentalidad magnética para el amor

Aunque es bonito imaginar una relación sacada de una película de Disney, la realidad no es tan perfecta como en la pantalla grande. Las relaciones requieren trabajo y, al igual que la vida, tienen altibajos. Cuando te comprometes con alguien a largo plazo, no se trata de si vas a pasar por momentos difíciles, sino más bien de cómo afrontarás esas pruebas, lo que determinará si ambos lo logran o lo destruyen.

No todas las relaciones están destinadas a durar para siempre. Pero muchas más podrían hacerlo si les dieran las herramientas adecuadas. Son innumerables las relaciones de pareja que se han roto por falta de conocimientos sobre cómo superar los momentos difíciles, y es ahí donde adoptar una mentalidad basada en las soluciones puede marcar la diferencia.

En mi relación, que ha durado más de una década, descubrimos que adoptar una mentalidad basada en las soluciones de nuestros problemas nos ayudó a resolverlos de forma activa. En pocas palabras, en las relaciones, si ambos se centran en buscar problemas juntos, los encontrarán y los amplificarán. Pero si programas tu SARA (sistema de activación reticular ascendente) para buscar soluciones, pronto empezarás a verlas también.

Mentes magnéticas en tándem

La próxima vez que tu pareja y tú estén a punto de destruir el cuento de hadas que construyeron juntos, den un paso atrás y aborden el reto que están atravesando como un equipo y no como dos bandos enfrentados.

No eres tú contra la persona a la que amas, sino los dos contra el problema. Todo cambia cuando la prioridad es resolver el problema juntos, apartando las nociones de quién tiene la razón. En vez de eso, combinen sus mentes magnéticas con un objetivo común para superar cualquier obstáculo.

Adoptar una mentalidad basada en las soluciones exige dejar de lado la necesidad de determinar quién tiene razón y quién no. Pide que cada uno camine por una senda más elevada, anteponiendo la relación a su ego (sé que es más fácil decirlo que hacerlo). Pero si merece la pena luchar por lo que han construido, vale la pena recordar que es más fácil superar los retos con alguien a quien quieres que empezar de nuevo y repetir el ciclo con otra persona.

Lenguaje proactivo para ayudarte

- Me siento... *[inserta sentimiento]* sobre... *[inserta situación]*. ¿Podemos encontrar juntos una solución?
- Te amo y deseo que resolvamos esto juntos. ¿Cómo podemos encontrar una solución que funcione para los dos?

CONSEJO: la clave para practicar esto es estar abierto a escuchar y abandonar la idea de que una persona tiene que ganar una discusión. No siempre se trata de quién está equivocado o quién tiene razón, sino de encontrar una solución a un problema que lleve a ambos a ganar.

Supera los bloqueos amorosos

Una vez tuve una clienta llamada Mia. Acudió a mí en busca de ayuda para manifestar el amor. Durante las sesiones iniciales de coaching, recuerdo que me sentí confundida porque Mia era el tipo de mujer que esperarías que encontrara el amor de forma fácil. Era hermosa por dentro y por fuera, consciente de sí misma, amable, segura, poderosa y desprendía energía magnética. No parecía tener los bloqueos habituales que veía en mis otros clientes, pero cuando se trata de la mente, las cosas no siempre son lo que parecen.

Pronto quedó claro que, aunque la mente consciente de Mia estaba comprometida por completo con el deseo de una nueva relación, su subconsciente no lo estaba. Al crecer, Mia tuvo unos padres sobreprotectores, lo cual hizo que equiparara el amor con la protección. Esa asociación la llevó a una serie de relaciones autoritarias con hombres controladores. Cuando buscó ayuda, llevaba dos años soltera, tras una ruptura bastante desagradable. Durante ese tiempo, hizo mucho trabajo personal y pasó de sentirse controlada por otros a crear una vida de completa libertad, algo que nunca había experimentado. Aunque de manera consciente deseaba una relación, su subconsciente (que acababa de adaptarse a esa nueva independencia y amor propio a través de la autoprotección) temía el cambio que podría suponer una relación.

Dentro de la mente de Mia había una batalla: una parte de ella estaba dispuesta a encontrar el amor y abrir su corazón, mientras que otra sentía que por fin estaba viviendo la vida que nunca había tenido. Esa parte enterrada en el subconsciente se rebelaba contra la idea de que un hombre llegara e interrumpiera todo el progreso que había logrado.

Con el tiempo, me he dado cuenta de que el "bloqueo amoroso" de Mia es un patrón común entre mis amigos y estudiantes que han hecho mucho trabajo de sanación. Aunque el trabajo de desarrollo personal nos impulsa hacia adelante de muchas maneras, también puede crear nuevos retos para nuestra mente subconsciente. Cuando hemos ganado independencia, confianza en nosotros, poder interior, incluso amor propio, podemos temer situaciones y experiencias que (para nuestra mente subconsciente) podrían quitarnos esas nuevas fuerzas interiores.

Formas de atraer el amor para la nueva, sana y completa versión de ti

1. Imagina un nuevo tipo de amor

De manera constante, tu mente magnética busca recuerdos, imágenes y pruebas para dar sentido a la información que recibe. Si deseas una relación, pero tu mente está llena de recuerdos de exparejas tóxicas, malas rupturas y dolor, puede que tu subconsciente no apoye tus intenciones.

Una de mis herramientas favoritas para utilizar con los estudiantes son las películas de visualización, que he mencionado muchas veces porque funcionan. Cuando Mia estaba bloqueada en el amor, le sugerí que se centrara en manifestar un dúo o un equipo poderoso en vez de un novio o pareja. A través de este enfoque, Mia visualizó un dúo poderoso y la vida que deseaba cocrear y compartir con otra persona. Al crear una película de visualización del "Dúo poderoso", Mia se visualizó como una mujer confiada y segura en una relación con un ser humano igual, haciendo que el amor se sintiera más seguro y beneficioso para la parte de sí misma que se resistía a él.

Cuando alimentas tu subconsciente con imágenes de lo que deseas, afirmaciones inspiradoras y música que te eleva, imprimes en tu mente magnética una visión del futuro con la que se siente seguro y emocionante trabajar.

2. Trabaja tus miedos

Una de las mejores modalidades para abordar bloqueos emocionales específicos en tu mente subconsciente es la TLE (técnica de liberación emocional. Con la TLE, afirmas de manera verbal tus miedos y te permites sentirlos sin vergüenza, liberando los bloqueos emocionales asociados a ellos. Cuando el miedo asoma la cabeza, bloquea lo que deseamos atraer. Es habitual sentir el impulso de huir o evitar lo que se avecina. Por lo general, al trabajar con resistencias o bloqueos en torno al amor, las emociones están profundamente implicadas.

3. Escucha la parte de ti que se resiste al amor

Imagina que estás en un parque de diversiones con un grupo de amigos; uno de ellos empieza a convencerse a sí mismo de no subir a la montaña rusa más grande. ¿Cómo reaccionarías? ¿Ignorarías a tu amigo, esperarías con él, lo escucharías, calmarías sus nervios, le asegurarías que te sentarías a su lado y estarías ahí todo el tiempo? Estoy segura de que apoyarías a tu amigo. De la misma forma, es importante escuchar y calmar la parte de ti que se resiste al viaje desconocido de una nueva relación.

Utilizando lo que se denomina "trabajo de partes", puedes visualizar la versión de ti que desea ser vista y apoyada, y comunicarte con ella usando tu mente magnética. Recomiendo muchísimo trabajar con un terapeuta para explorar el trabajo de partes, pero quienes estén familiarizados con el tema también pueden practicarlo de forma independiente. En mi trabajo personal, me gusta escribir como si yo fuera "esa parte" de mí que se resiste a lo que deseo.

Cuando te comuniques con una parte de ti que se resiste, quizá sea útil preguntarle cuántos años tiene (con frecuencia, esa parte representa una versión pasada de nosotros que dejamos sin tratar, en la sombra). El trabajo de partes requiere compasión y una conciencia que no juzgue, a medida que profundizas en las posibles razones por las que creaste la resistencia a lo que deseas. Podrías empezar preguntándole a tu parte que se resiste lo siguiente:

- ¿Qué te asusta de lo que deseo?
- ¿Cuántos años tienes?
- ¿Qué apoyo necesitas que no hayas sentido?
- ¿Qué haría que una relación te pareciera segura?
- ¿Qué límites necesitas?
- ¿Qué no me estás diciendo?

Recordatorios magnéticos

- El amor es un lenguaje universal de verdad y luz. Entre más permitas que el amor fluya a través de ti, más guiará todos los aspectos de tu vida.
- La relación que tienes contigo marca la pauta de todas las otras relaciones de tu vida.
- Practicando el trabajo del espejo y la reprogramación compasiva, puedes reconfigurar tu mente subconsciente para el amor propio.
- La falta de amor propio suele originarse en experiencias de la infancia. A través del trabajo con el niño interior, puedes curar las heridas del pasado reconectando con tu yo más joven mediante la meditación y la visualización.
- Para atraer las relaciones que deseas, debes convertirte en una coincidencia energética con el tipo de personas que deseas atraer. Alinea tus pensamientos, emociones y acciones con el amor que buscas en los demás.
- Cuando te comprometes con una relación duradera, los retos son inevitables. Lo que determina si la relación perdurará es la forma de afrontar esas pruebas. Adoptar una mentalidad basada en las soluciones hará que tu relación prospere.
- Herramientas como las películas de visualización, la TLE y el trabajo de partes pueden ayudar a que la versión nueva, sanadora y completa de ti supere los bloqueos amorosos y atraiga el amor.

24. Cómo atraer la felicidad

¿Alguna vez te has planteado la posibilidad de que en realidad no quieres las cosas que crees desear? Con frecuencia creemos que deseamos la casa, el coche, la pareja, la carrera... pero en el fondo, solo anhelamos la felicidad que creemos que viene de tenerlo todo.

En eso radica el reto que la mayoría de la gente experimenta con la práctica de la manifestación: al convertirte en una coincidencia magnética con tus deseos, no atraes lo que deseas, atraes lo que eres.

Si buscas atraer lo que crees que te traerá más felicidad y alegría, debes profundizar para descubrir por qué te estás bloqueando para sentir esas emociones ahora. Dentro de esos bloqueos a tu felicidad se encuentra el gran avance para atraer tus deseos.

Cuanto más placer te permitas sentir, más magnético te volverás, atrayendo sin esfuerzo las experiencias, las personas y las cosas iguales a la energía que emites. El secreto de la felicidad que buscas reside en encontrar la alegría a lo largo del viaje. Cuanta más dicha permitas en tu vida, más dichoso será el viaje.

En otras palabras, encontrar la alegría en el viaje es la vía rápida hacia el destino deseado.

Descubrir la paz mental

Con frecuencia, cometemos el error de pensar que la felicidad es causada por algo externo. Recorremos las redes sociales pensando: "Seré feliz cuando tenga eso". Así que pedimos "eso" con entrega urgente, solo para desenvolverlo al día siguiente y descubrir que la alegría sigue sin aparecer. Ese doloroso bucle de búsqueda de la gallina de los huevos de oro de la felicidad nos hace sentir perdidos al buscar algo que no encontramos en los lugares donde buscamos.

La dicha no es un lugar, sino un estado del ser. Un camino hacia la felicidad es experimentar la "paz mental". La paz mental es un estado interior de tranquilidad, accesible en todo momento y lugar.

En mi viaje personal, descubrí que la meditación es el mejor camino para llegar ahí porque (¡alerta de spoiler!) lo "místico de allá" es en realidad un "aquí".

Una práctica de la conciencia

¿Has notado que la miseria aparece bastante pronto cuando te centras de manera constante en cosas que están fuera de tu control? Piénsalo, ¿cuántas veces te has enojado al obsesionarte con cosas que no puedes cambiar (como el tiempo, la economía, las opiniones de los demás, el pasado o la velocidad a la que avanza la tecnología)? Aunque todas esas cosas tienen un impacto en tu vida, darles vueltas no las cambiará… solo drenará tus niveles de energía y bajará tu vibración.

Adopté una práctica clave para proteger mi energía y cultivar la felicidad; la llamo "controla lo controlable y renuncia al resto". Ese sencillo cambio de mentalidad me sirvió de guía para desprenderme y recuperar mi poder. He aquí cómo aplicar este cambio mental en tu vida y, al hacerlo, recuperar tu energía.

Controla lo controlable y renuncia al resto

Aunque los pasos siguientes requieren práctica, este sencillo ejercicio de conciencia te ayudará a vivir una vida más feliz e intencionada. No puedes controlar muchas fuerzas externas, pero puedes dirigir el flujo de tu energía de pensamiento y eso, en sí mismo, es una fuerza que tiene poder dondequiera que fluya.

Paso 1. Consigue claridad

Escribe una lista de todo lo que te preocupa en secreto y que escapa a tu control. Hacer esto te dará una vista panorámica para identificar hacia dónde fluye tu energía de forma constante.

Algunos ejemplos de cosas que escapan a tu control son: el clima, lo que hace tu ex, lo que la gente dice de ti en internet, la velocidad a la que evoluciona la IA, tu pasado, las opiniones de tu familia, los algoritmos de las redes sociales, el envejecimiento y la economía mundial.

Paso 2. Encuentra lo que puedes controlar

Ahora, invierte el ejercicio. Crea otra lista, centrándote en las áreas que están bajo tu control. ¿En qué aspectos puedes influir?

Algunos ejemplos de cosas que puedes cambiar son: tus rutinas diarias, cómo te hablas mentalmente, tus reacciones ante las situaciones, lo que comes, cuánto ejercicio haces, la ropa que te pones, las decisiones profesionales que tomas, las noticias que escuchas o lees, tu actitud, las prácticas de autocuidado y los límites.

Consejo: coloca estas listas en algún lugar visible, como tu escritorio o el refrigerador. Tener una representación visual de tu conciencia y de la distribución de tu energía mental te ayudará a reforzar tu capacidad para dirigir su flujo.

Paso 3. Ponlo en práctica

Poco a poco, a medida que tu conciencia cambie de manera constante, desviar tu atención de los pensamientos que no son constructivos se convertirá en una práctica diaria. Gracias a la neuroplasticidad y a la tendencia del cerebro a formar atajos hacia los pensamientos y emociones que visita con frecuencia, entrenar la conciencia y construir patrones de pensamiento más positivos y proactivos puede llevar tiempo, pero es un ejercicio que vale la pena.

Siempre que notes que tu conciencia se desvía hacia algo que escapa a tu control, pregúntate: *¿en qué aspectos de esta situación puedo influir?* Si identificas algo que puedes cambiar, actúa en consecuencia y gestiona lo controlable. Si te das cuenta de que no hay nada bajo tu control, abandona ese pensamiento y vuelve a centrar tu atención en algo que sí puedas controlar.

La trampa de la felicidad

Nuestra felicidad puede quedar atrapada por la falacia del costo irrecuperable, que es cuando continuamos con un camino en el que hemos invertido tiempo, dinero o esfuerzo, incluso si los costos actuales superan a los beneficios.

Falacia del costo irrecuperable

Una de mis estudiantes, Anna, era una apasionada amante de los animales y estaba entusiasmada por seguir la carrera de veterinaria. Pero a medida que avanzaba en sus estudios y empezaba las prácticas, sintió una fuerte intuición de que la veterinaria no era el camino adecuado para ella. Aunque le encantaban algunos aspectos de sus estudios, sufría con la carga emocional que suponía tratar a animales en peligro. El conflicto interior pesaba mucho en su corazón y poco a poco la fue corroyendo. Había construido su identidad en torno a ser veterinaria y ya había dedicado años a sus estudios, mientras acumulaba deudas estudiantiles. De manera lógica, Anna comprendía que seguir adelante con una carrera que no quería no era el camino correcto. Pero emocionalmente, luchaba por la pérdida de su identidad y también le preocupaba qué pensaría su familia si "abandonaba" la escuela y cambiaba de rumbo. De forma inconsciente, su mente magnética se resistía a abandonar todo por lo que había trabajado hasta entonces, aunque la hubiera llevado a la infelicidad.

Esa manera de pensar es una trampa porque no puedes perder lo que ya se fue. La falacia del costo irrecuperable nos impide ver más allá de las inversiones pasadas, obligándonos a seguir comprometidos con caminos que ya no se alinean con nuestro verdadero yo.

Cuando tu subconsciente intente atraparte de esta forma, debes recordar que tu auténtico camino cambiará y evolucionará a medida que crezcas. Lo que te parecía correcto en el pasado no siempre será el camino a seguir en el futuro, y eso está bien.

Propuestas para ganar algo de perspectiva

Aunque no puedes cambiar lo que ya invertiste, tienes el poder de decidir dónde inviertes tu energía en el futuro. A pesar de lo que diga la gente, no todas las decisiones en la vida deben ser definitivas. Si perjudica tu felicidad, no necesitas terminar lo que empezaste.

A veces, vivir una vida alineada y magnética significa volver a elegir, aunque esas elecciones no tengan sentido para nadie más que para ti.

- Sabiendo lo que sé ahora, si pudiera volver a empezar, ¿haría las cosas de otra manera?
- En una escala del 1 al 10, ¿qué importancia tiene mi felicidad futura?
- ¿Hasta qué punto seré feliz si sigo por este camino otros cinco años?
- Si cambio de dirección, ¿qué puedo perder aparte de lo que ya perdí (tiempo, dinero y energía)?
- ¿Qué ganaré en el futuro si reoriento mi camino?

Busca el lado bueno de las cosas

En la vida, las cosas no siempre salen según lo planeado. A veces, el universo nos reparte cartas que al principio no tienen sentido. Pero de vez en cuando, lo que inicialmente parece rechazo y pérdida resulta ser una bendición disfrazada. Con el tiempo y la retrospectiva, los periodos de confusión del pasado pueden servirnos como portales, proporcionándonos el espacio necesario para que surja algo aún más hermoso de lo que jamás hubiéramos imaginado.

Pero si no somos conscientes de eso, el sesgo negativo de la mente puede nublar nuestra perspectiva y hacer que pasemos por alto el lado positivo de las tormentas pasajeras de la vida. Una práctica que me ayudó muchísimo en el viaje de sanación fue llevar una lista de todas las lecciones aprendidas. Me refiero a todas las cosas duras, oscuras y desafiantes por las que he pasado… y había muchas cosas en esa lista (estoy segura de que en la tuya también).

De vez en cuando, reviso esa lista y busco alguna bendición que pueda ver ahora en cada lección. Siempre que lo hago, me sorprende lo que encuentra mi mente magnética. Con el tiempo, gracias a esa práctica, he alquimizado el significado del pasado y encontrado gratitud donde antes solo había dolor.

Con frecuencia, las bendiciones se esconden en lecciones que aún están por alquimizar.

Aunque no sugiero que a cada tormenta en nuestra vida le siga un arcoíris con una olla de oro al final, vale la pena recordar esos momentos que resultan mejor de lo que pensábamos al principio. Al fin y al cabo, el sol siempre encuentra el camino y aparece tras la tormenta.

Ejercicio magnético

Saca una hoja de papel y dóblalo por la mitad. En una mitad escribe "Lecciones" y en la otra "Bendiciones". Enumera todas las lecciones que has superado en la vida. Luego, pídele a tu subconsciente que encuentre la bendición en cada lección reflexionando sobre estas preguntas:

- ¿De qué manera esas experiencias tan difíciles me convirtieron en la persona que soy ahora?
- ¿De qué sirvieron esas desgracias?

Al reflexionar, quizá descubras que lecciones que al principio no tenían sentido se transforman de repente en hermosas bendiciones, dando forma a la persona que eres y al camino que estás recorriendo hoy. Solo cuando nos permitimos revisar el pasado con una nueva perspectiva podemos alterar el significado de nuestros dolores anteriores. Si te atreves a creer que el universo te cubre las espaldas y trabaja para tu más alto bien, entonces, amigo mío, eso es exactamente lo que verás.

Practica la gratitud para ser feliz

Cuando se trata de elaborar una receta para la felicidad, la gratitud destaca como ingrediente mágico. Con el respaldo de la ciencia, se ha demostrado que esta práctica sencilla, pero poderosa mejora la calidad del sueño, aumenta la felicidad y la satisfacción vital, mejora la salud y mucho más. A pesar de conocer estos beneficios, muchos aún no han adoptado la gratitud como algo innegociable en sus vidas. Si eres de esos, no hay mejor momento que el presente para integrar en tu rutina diaria esta práctica que te cambiará la vida. He aquí cuatro sencillas prácticas de gratitud.

1. Comienza un diario de gratitud

Comienza un diario de agradecimiento y mantenlo junto a la cama. Cada noche, sustituye el hábito de navegar por las redes sociales por un momento de reflexión sobre el día. Anota lo que agradeces y por qué. Elige tres cosas para destacar y concluye el día centrándote en lo bueno.

Esa práctica justo antes de acostarte también aprovecha la transición de la mente de las ondas cerebrales beta a las alfa y theta, un momento donde el subconsciente está más receptivo.

2. Encuentra un compañero de gratitud

Puede ser tu pareja, un amigo, incluso un compañero de trabajo. Cada día, pregúntense: "¿Cuáles son las tres cosas por las que estás agradecido y por qué?". Después, tómense el tiempo para compartir lo que surja, explicando una cosa cada uno.

Mi pareja y yo practicamos este ritual diario, y ha transformado nuestra relación. Escuchar lo que agradecen otras personas en la vida te ayuda a entender lo que valoran y te permite conocerlas mejor. También te anima a estrechar lazos con las personas de tu vida por las cosas que van bien, en vez de conectar siempre por los sufrimientos, las luchas y las quejas compartidas.

3. Establece un recordatorio diario

Programa una alarma en el teléfono para que suene todos los días a las 11:11 de la mañana con un mensaje sencillo: "¿Qué agradeces y por qué?". Utiliza esa alarma para hacer una pausa y reflexionar sobre lo que te va bien en este momento.

4. Combina hábitos

Incorpora la gratitud a las actividades que ya realizas cada día.

Por ejemplo, en el método de meditación Mindspo, siempre guío a los estudiantes para que terminen la práctica reflexionando sobre cosas por las que están agradecidos y el porqué antes de abrir los ojos.

Despierta del lado correcto de la cama

Mirar el celular por la mañana es como levantarse y jugar con una máquina tragamonedas, pero en vez de perder dinero, te juegas el estado de ánimo. Las redes sociales pueden arrastrarnos a lo que es, literal, un feed infinito de contenidos llenos de anuncios, intenciones ocultas y distracciones. En este torbellino de estímulos, con frecuencia olvidamos que el teléfono es una herramienta. Al igual que un martillo, puedes usarlo para construir una casa o para golpearte en la cabeza.

Pasar de una bandeja de entrada a otra, de un mensaje a otro, de una red social a otra y de una noticia a otra en cuanto despiertas es la manera más rápida de desviar la atención y empezar el día con malas noticias o pérdidas. Como aprendimos en el "marco de pérdida", cuando la mente se centra en lo negativo, es muy difícil volver a centrarla en lo positivo.

Al despertar, las ondas cerebrales se encuentran en la zona theta, altamente sugestionable. Cualquier cosa a la que dediques tu atención y energía a primera hora de la mañana tiene más posibilidades de imprimirse.

Mañanas magnéticas

Un sencillo hábito no negociable que fortalecerá tu mente magnética es no apostar tu atención y energía a primera hora de la mañana. La forma más sencilla de ponerlo en práctica es comprometerte a no desplazarse por las redes sociales ni consultar los canales de comunicación al levantarte.

Compra un despertador para evitar tocar el teléfono al levantarte. Establece temporizadores en tus redes sociales y aplicaciones de mensajería que bloqueen el acceso durante la primera hora después de despertar. Pon una nota adhesiva amarilla en el refrigerador que diga: "No dejes que tu teléfono controle tu estado de ánimo", para que lo recuerdes. Toma las medidas que necesites y recupera el control de tu preciosa fuerza vital.

Recuerda que, si no eliges tus pensamientos, alguien los elegirá por ti.

Solución de problemas de felicidad: bloqueos subconscientes de felicidad

Lo difícil con la mente subconsciente es que se preocupa mucho más por tu seguridad que por tu felicidad, lo cual provoca bloqueos interesantes.

Al principio de la adolescencia, mi pasión por la interpretación me llevó a actuar y modelar. Tras meses de audiciones, por fin conseguí un papel. Estaba encantada y de inmediato les dije a mis padres y amigos que iba a participar en mi primer comercial. Pero la emoción no duró mucho; al día siguiente, me enteré de que el agente de casting había tomado otra dirección. Me sentí devastada y avergonzada por regresar y decirle a todo el mundo que no había conseguido el trabajo. Después de eso, durante muchos años, dejé de sentir alegría o entusiasmo por cualquier cosa para la que audicionara y, poco a poco, empecé a sentirme cada vez menos yo haciendo algo que antes me encantaba. Perdí la confianza en mí y, como consecuencia, también perdí la alegría del camino.

En retrospectiva, ahora veo lo que pasó. El hecho de que me quitaran el trabajo imprimió en mi subconsciente el recuerdo de que celebrar lleva a la decepción, porque pasé de sentirme un "gran éxito" a un "fraude". En un esfuerzo por proteger mi ego, el subconsciente frenó mi capacidad de sentir felicidad, porque si no la sentía, no me la podían quitar.

Ojalá hubiera sabido entonces que la dicha alimentaba mi mente magnética para atraer los trabajos a los que me presentaba.

Preguntas magnéticas para descubrir tus bloqueos de la felicidad

- ¿Recuerdas algún momento de la vida en el que algo que te entusiasmaba fuera percibido como una broma por los demás?
- ¿Recuerdas alguna ocasión en la que una buena noticia se convirtiera en una mala?
- ¿Hay una parte de ti que tiene miedo de ser feliz?

Al practicar el papel de observador compasivo de tu mente, puedes ejercitar la introspección y utilizar la práctica de llevar un diario como herramienta para comprobar tus bloqueos de felicidad (quizá ocultos en lo más profundo de tu subconsciente).

Una vez que identifiques los bloqueos, tu trabajo no consiste en seguir rumiándolos ni en caer en el modo víctima, sino en reconfigurar tu mente magnética realizando acciones valientes y alineadas para sentir la felicidad y la alegría que temías dejar entrar. Es tu trabajo mostrarle a tu yo futuro que es seguro que te sientas bien.

Cuando actúas con valentía y te muestras de formas nuevas, a pesar de las viejas evidencias que te asustan, le demuestras a tu mente magnética que el pasado no define tu futuro. Las herramientas de reprogramación del subconsciente como la TLE y la hipnosis también pueden ayudar con esto.

Recordatorios magnéticos

- Con frecuencia, no deseamos una cosa concreta, sino la felicidad que asociamos a ella.
- La felicidad es un estado del ser. Al centrarte en lo que puedes controlar y renunciar a lo que no, cultivas una vida más feliz e intencional.
- Toma en cuenta la falacia del costo irrecuperable, una trampa habitual que utiliza tu subconsciente para evitar que gires hacia tu auténtico camino a medida que evolucionas.
- Practica la gratitud y busca el lado positivo para contrarrestar el sesgo negativo de la mente y aumentar tu felicidad.

25. Cómo atraer el dinero

Si hay algo que siempre he deseado a lo largo de mi carrera como profesora de desarrollo personal, es que tú, como mi estudiante, estés sano, seas rico, feliz, abundante y libre. Aunque el dinero no te comprará la felicidad en una tienda, soy testigo de primera mano de que puede resolver muchas causas de la infelicidad. Permite la libertad y, sin duda, el apoyo económico que ofrece el dinero ayuda a que tu familia y tú lleven una vida vibrante y saludable.

Tienes permitido desear tener dinero, y mucho, porque el dinero puede ser un gran aliado para construir una vida hermosa. Al acumular riqueza, puedes estar en la posición de apoyar a las personas que amas, comprar esa casa de tu tablero de visión, perseguir tus pasiones y explorar todo lo que este mundo tiene que ofrecer, sin limitaciones financieras ni ansiedad. El dinero es una herramienta que te abre puertas y amplifica tus esfuerzos para convertirte en la mejor expresión de ti mismo.

Aunque el dinero hace todo eso y mucho más, tú y yo sabemos que es un tema cargado para mucha gente, por lo que trabajar de forma activa en tu mentalidad del dinero es una de las maneras más potentes para mejorar toda tu vida como ser humano. Cuanto más seguro y apoyado te sientas por el dinero, más lo atraerá tu mente magnética.

Como has aprendido a lo largo de este libro, tus pensamientos y emociones son fuerzas poderosas que atraen o repelen tus deseos y objetivos. El dinero, al ser una forma de energía, no es una excepción a estas fuerzas.

Reescribe tu historia del dinero

Tus creencias sobre el dinero se formaron mucho antes de que reconocieras su valor de manera consciente. La falta de una mentalidad sana con respecto al dinero (si no se controla) puede ser la causa principal de todas las dificultades financieras de la vida. El hecho de que hasta ahora hayas experimentado dificultades, carencias, incluso pobreza, no significa que la vida siempre vaya a ser así. Está en tu poder reescribir tu historia del dinero. A través de este trabajo, puedes cultivar una nueva y empoderada mentalidad del dinero y, al hacerlo, abrir un nuevo mundo de abundancia para ti y para las generaciones venideras.

Estás en tu derecho de ser rico y de llevar una vida abundante. Entre más pronto aceptes esta verdad y hagas del dinero tu amigo, más pronto fluirá hacia ti.

¿Cuál es tu patrón mental del dinero?

Tu mente magnética es una máquina de asociación; asociará diferentes significados a diferentes cosas. El significado que asignes al dinero será único para ti y para tus experiencias pasadas, y creará una pauta subjetiva de cómo ves el concepto del dinero en tu subconsciente.

Una antigua estudiante mía, Kat, era hija de inmigrantes de primera generación. Al llegar a un nuevo país, los padres de Kat trabajaron muchísimo para que sus hijos tuvieran más oportunidades que ellos. Ganaban dinero con largas jornadas laborales, ahorrando hasta el último centavo, mientras hacían malabares con varios empleos a la vez. Para ellos, el dinero significaba sangre, sudor y lágrimas... y nunca llegó con facilidad, lo que para ella creó esa pauta que indicaba que el dinero era igual a lucha.

La vida de Kat fue muy diferente a la de sus padres; consiguió el trabajo de sus sueños como diseñadora, trabajando en proyectos que le encantaban, con clientes que la valoraban. A pesar de la alegría que le proporcionaba su carrera, en el fondo Kat se sentía culpable por tener una experiencia de ganar dinero diferente a la de sus padres. De manera inconsciente, intentaba repetir la experiencia de sus padres. Además de su trabajo de 9 a 5, Kat llenaba su tiempo libre con trabajos de diseño mal pagados, atrayendo a clientes exigentes que, con el tiempo, la llevaron al agotamiento.

Al crecer y ser testigo de las luchas de sus padres, Kat interiorizó la creencia de que el dinero se conseguía con trabajo duro, sacrificio y dolor. Por eso, a pesar de ganar bien haciendo lo que le gustaba, saboteó su felicidad aceptando más trabajo del necesario.

Lo que Kat experimentaba era un patrón que se desarrolla cuando el subconsciente mantiene asociaciones y significados preexistentes vinculados al dinero, basados en la educación. El subconsciente dirige el espectáculo y, como una supercomputadora interna, trata de crear una realidad en la que tus programas internos se manifiesten como experiencias de la vida real.

Es importante darse cuenta de que las experiencias de tu familia con el dinero no tienen por qué dictar las tuyas. Como adulto, puedes liberarte de los patrones del pasado. Tu experiencia con el dinero puede ser lo que tú elijas. Así que, si decides ver el dinero como un recurso que fluye hacia ti por hacer el trabajo que te gusta y disfrutas, pronto descubrirás que tu mente atrae esas experiencias hacia ti.

Instrucciones para llevar un diario y así identificar tu patrón mental del dinero:

- Si el dinero fuera una persona que llamara a tu puerta mientras crecías, ¿cómo describirías su energía, basándote en cómo tus padres sentían y hablaban de él? Describe el dinero y su energía como si fuera una persona. ¿Era fiable y comprensivo? ¿Frágil? ¿Nunca estaba presente? ¿Siempre desaparecía?
- ¿Qué frases clave decían tus padres sobre el dinero?
- ¿El dinero era algo positivo o causaba discusiones, peleas y dolor?
- Tras reflexionar las respuestas anteriores, ¿qué significado tenía el dinero para las personas que te criaron?

Una vez hayas respondido a estas preguntas, habrás trazado el patrón subconsciente del dinero que te transmitieron tus cuidadores durante tu infancia. Al examinar este patrón, es importante que te des cuenta de que, aunque estos pensamientos y creencias pueden haber dado forma a tu experiencia con el dinero hasta ahora, ya no tienen por qué tener significado o peso en tu vida. Lo que otras personas en tu vida sientan sobre el dinero no es tu historia; es la suya. No te define el pasado ni los programas de otras personas. Tienes el poder de recodificar tu mente subconsciente y empezar de nuevo.

Ahora que sabes esto, responde a las preguntas que aparecen a continuación.

- ¿Qué estás manifestando para tu vida que requerirá dinero?
- ¿Cómo te sentirías después de permitirte ese deseo? ¿Te sentirías libre? ¿Independiente? ¿Abundante? ¿Poderoso? ¿Seguro? *(Elige un sentimiento).*

Estas respuestas muestran cómo decides sentirte con respecto al dinero y el significado que le das en tu vida.

Tu afirmación del dinero

Utilizando las respuestas a las preguntas anteriores y esa nueva perspectiva sobre el dinero, crea una "Afirmación sobre el significado del dinero" que incluya cómo deseas sentirte con respecto al dinero y repítela todos los días. Por ejemplo:

> *Declaro que el dinero es mi amigo solidario; siempre está ahí para mí y se manifiesta con facilidad en mi vida mientras trabajo en cosas que amo y disfruto. Elijo ser feliz, abundante y libre, amo el dinero y el dinero me ama.*

Abre las compuertas a la abundancia

Una cosa que sé con certeza es: el universo funciona de formas misteriosas. Disfruto pensar que el universo tiene sentido del humor; es un bromista al que le gusta mantenernos en vilo, adivinando todo el tiempo su próximo movimiento. Debido a esa peculiaridad, con frecuencia el universo nos envía lo que deseamos, pero de formas inesperadas.

Por ejemplo, estás "ocupado" manifestando inversionistas para tu nuevo negocio, cuando de pronto, un viejo amigo te llama de la nada queriendo ponerse al día. Preocupado por la visión que tienes de tu posible inversionista, es posible que ignores a esta persona enviada por el universo para darte el dinero que necesitas. Y así, sin más, rechazas lo que habías pedido.

Por eso, para convertirte en un imán del dinero, debes practicar para ser un buen receptor. Con el tiempo, observando mi vida, descubrí que el dinero que buscamos no llega en las formas que imaginamos. Me gusta pensar en el dinero como en un amigo al que le encantan los disfraces. El dinero usa disfraces diferentes y muchas veces cambia de aspecto. Puede llegar como un reembolso, un cheque por correo, una bonificación sorpresa, un regalo, una nueva experiencia, un nuevo contacto comercial, incluso una perla de sabiduría de un conductor de Uber que tiene el potencial de convertirse en tu próxima gran idea.

Permanece abierto a recibir

Reflexiona sobre cómo respondes cuando alguien te hace un cumplido, te ofrece ayuda o te da un regalo inesperado. ¿Estás abierto a aceptar el amor, los regalos y la sabiduría de los demás o te cierras?

Recuerda: con frecuencia, como haces una cosa es como haces todo.

¿Cuál es la forma en la que sueles rechazar el apoyo del universo que, a partir de hoy, estás dispuesto a cambiar?

En la vida, nunca sabes cómo se responderán tus plegarias ni puedes predecir qué carta jugará el universo. Tu trabajo no consiste en controlar lo que ocurre o cómo ocurre, sino en rendirte al juego de la vida y abrirte a recibir cualquier abundancia que se te presente.

Adéntrate en entornos abundantes

Una vez tuve una estudiante que mantenía una relación amorosa y sana con alguien a quien describía como el "hombre de sus sueños". Solo había un problema: él atravesaba grandes apuros económicos, así que no pudieron seguir pagando la renta y tuvieron que mudarse a casa de sus padres.

Tras unos meses viviendo con sus suegros, mi estudiante me compartió sus preocupaciones sobre el impacto que ese entorno empobrecido estaba teniendo en su perspectiva y su energía. Le transmití uno de mis trucos de vibración favoritos: le sugerí que, a partir de su armario, creara cinco conjuntos elegantes que se convertirían en su nuevo uniforme de trabajo de lunes a viernes. A continuación, le indiqué que se pusiera ese uniforme de trabajo y, todos los días, fuera al hotel de cinco estrellas más cercano, pidiera un café y alguna otra cosa, y trabajara en ese espacio agradable, abundante, lleno de otras personas de éxito ocupadas en sus asuntos.

Meses después, "descargó" una idea que se convirtió en su próspero negocio actual: a veces, incluso un ligero cambio de aires puede transformar tu vibración hacia una mayor abundancia e inspiración.

Liberar la vergüenza y el dolor

Mientras trabajaba en mi mentalidad sobre el dinero, descubrí que nuestras historias y creencias al respecto muchas veces están estrechamente ligadas a recuerdos dolorosos que hemos reprimido. Emociones como la vergüenza, los celos, la envidia, el resentimiento y la carencia pueden quedar grabadas en tu subconsciente como historias sobre el dinero. Si no las trabajas, estas emociones te llevan de manera inconsciente a alejar el dinero en lugar de atraerlo.

Por muy poderoso que sea tomar conciencia de tu patrón de dinero, he descubierto que lo que falta en el trabajo de manifestación y la mentalidad del dinero es la incorporación de técnicas somáticas y del sistema nervioso para ayudar a mover la energía estancada en el cuerpo.

No puedes manifestar o aferrarte a lo que tu sistema nervioso considera inseguro. Si has tenido una experiencia en la que tu cuerpo registró tener dinero o ser responsable de él como una amenaza para tu supervivencia, entonces, de manera subconsciente, tu sistema nervioso estará condicionado a temerlo y evitarlo.

El dolor y la vergüenza por el dinero

En mi infancia, entre los cinco y los siete años, experimenté un trauma inmenso. Junto con este trauma, hubo muchos dramas familiares relacionados con el testamento de mi bisabuela y con la cantidad de dinero que mi mamá recibió en comparación con sus hermanos. Este conflicto causó resentimiento entre mis tías y tíos, que pronto se convirtió en una extraña tensión entre mis cuatro primos y yo. Como única hija de mi familia con padres divorciados y mi madre en el centro del drama del dinero, me sentí sola y atrapada en medio de todo. Cuando era chiquita, no entendía qué había hecho mal, pero sentía que de alguna manera tenía la culpa.

Como era tan pequeña, no comprendía de forma consciente lo que estaba pasando y que no era culpa mía. Lo único que sabía era que el asunto era el dinero. Como resultado de este evento tan cargado de emociones, mi subconsciente se grabó que el dinero era malo, que tener dinero causaba problemas y, lo peor de todo para la pequeña Rochelle, que el dinero hacía que te arrebataran el amor.

No fue hasta mucho más tarde en mi viaje de manifestación que comencé a practicar la técnica de libertad emocional y descubrí estos primeros recuerdos del dinero y las dolorosas emociones que los acompañaban. A pesar de hacer todo el trabajo de la mentalidad del dinero, necesitaba con desesperación el trabajo somático para profundizar en los programas emocionales subconscientes almacenados.

La TLE puede ser una cura profunda, pues saca a la luz creencias inconscientes. Al dejar espacio para estas partes de ti mismo y escucharlas verbalizadas, te permite liberarte de las emociones reprimidas que bloquean tu abundancia.

Para acceder a sesiones de liberación emocional conmigo y liberarte de la vergüenza en torno al dinero, dirígete a www.magneticbook.com/taponshame.

Eleva tu visión de los ricos

- "El dinero es la raíz de todos los males."
- "Los multimillonarios no deberían poder tener tanto dinero."
- "Todos los ricos están desconectados de los sufrimientos de la gente común."
- "El dinero corrompe la brújula moral y los valores de la gente."

Esas son algunas de las creencias comunes relacionadas con la gente rica que circulan en nuestra conciencia colectiva. Si no tienes cuidado, esas frases pueden convertirse en parte de tu sistema de creencias.

Si condenas a un multimillonario mientras sueñas en secreto con convertirte en millonario, envías señales contradictorias a tu mente y al campo cuántico. Al criticar un aspecto de lo que deseamos, aunque solo sea uno pequeño, le indicamos a la mente que no lo deseamos (incluso cuando sí lo deseamos).

La crítica trae consigo una energía vibratoria más baja y, en ese caso, convierte el hecho de tener dinero en un miedo futuro a ser juzgado. Como sabes, tu cerebro se aleja de forma natural del dolor y se acerca al placer. Te distanciarás de cualquier cosa que juzgues porque de manera instintiva temes ser juzgado y ansías sentirte seguro. Si emites odio y celos eso es lo que atraerás. Lo semejante atrae a lo semejante.

Algunas personas le han dado mala fama a tener dinero, pero eso no significa que todas las personas que generan riqueza sean iguales. Para ayudarte a navegar por esa condena colectiva hacia los que "lo lograron", te ofrezco la afirmación del empresario Chris Harder; a mí me ayudó a sanar ese patrón.

"Cuando la gente buena gana buen dinero, hace cosas grandiosas."
—Chris Harder

Las acciones del dinero bueno

Asígnate la misión de encontrar pruebas de gente rica que hace grandes cosas en el mundo. Cada vez que sepas de algo bueno que un empresario rico está haciendo por la gente o por el planeta, añádelo a una lista en las notas de tu teléfono.

Recuerda, tu SARA se centrará en lo que consideras importante, así que convierte esto en un punto focal. Con el tiempo, crearás una biblioteca de pruebas que demuestran la certeza de la afirmación de Chris Harder.

El dinero no es bueno o malo en sí; es un recurso neutral. Como un ser humano de buen corazón, puedes elegir hacer grandes cosas con el dinero. El mundo está lleno de personas que tienen un impacto positivo, aunque no tengan tanta difusión como quienes explotan a otros. ¿Qué crees que vende más periódicos? ¿"Multimillonario explota a trabajadores menores de edad" o "Multimillonario compra tierras para regenerar bosques"? Lo bueno está ahí, solo proponte encontrarlo.

Instala tu mentalidad de abundancia

¿Recuerdas al "observador"? Es el estado de conciencia en el que observas tus pensamientos, sabiendo que no son lo que tú eres. Puedes utilizar ese "observador" como guardián de tu mentalidad de abundancia. Una de las muchas ventajas de aprender a convertirse en el vigilante de la mente y sus pensamientos es la capacidad de entrenar a la conciencia para identificar y rechazar tus viejos programas subconscientes del dinero que han vivido en tu cabeza.

Se trata de pensamientos fijos como: "Eso es muy caro", "No soy el tipo de persona que podría permitirse X", "No me siento digno", "Nunca podría ganarme la vida haciendo lo que me gusta", "Mi generación está condenada" o "El dinero es la raíz de todos los males".

Ese diálogo interno representa tu programación subconsciente arraigada de forma profunda. Los comentarios pasajeros que haces en tu cabeza están ligados de manera directa a las historias que consideras verdaderas sobre el nivel de abundancia que crees que eres digno de recibir.

Cuando no te crees merecedor de algo, puedes bloquearte para no perseguirlo o, peor, ni siquiera imaginarlo. Vivir la vida de esa manera te impide aprovechar el potencial disponible en el campo cuántico.

Antes de aprender una práctica como la meditación, la mayoría de las personas se identifican plenamente con la voz que hay dentro de sus cabezas, confiando en todo lo que esa voz dice. Cuando la voz interior de una persona insiste todo el tiempo en que no tiene lo que desea, o que no puede permitirse lo que anhela, crea un bucle de retroalimentación de escasez que se perpetúa.

Si crees esas historias, tienes pensamientos limitantes, realizas acciones limitantes y vives una vida limitada. La buena noticia es que puedes elegir lo que crees.

Cómo desbloquear la abundancia

Elige tu elevador de abundancia: Piensa en alguien que personifique la energía de la abundancia en todo lo que hace y dice y adóptalo como tu elevador en el área del dinero para inspirar tu mentalidad.

Paso 1. Identifica tu voz interior del dinero

Toma una hoja de papel y dedica al menos tres minutos a escribir todas las frases que oyes dentro de tu mente relacionadas con el dinero.

¿Qué dice esa voz interior cuando ve la etiqueta con el precio de los artículos en una tienda de lujo? ¿Qué comentarios haces en tu interior cuando alguien pasa en un coche deportivo? ¿Qué pensamientos te vienen a la cabeza cuando ves la cuenta en un restaurante?

Escribe todo y cualquier cosa que te venga a la mente, sin juzgar lo que surja.

Este ejercicio te ayudará a identificar el tono actual de tu voz del dinero. El autoconocimiento es el primer paso para el cambio, y reconocer las frases que alimentan de forma activa tu mentalidad de escasez te proporcionará una mejor comprensión de tu relación actual con el dinero.

Paso 2. Identifica tu mentalidad de dinero

A continuación, mira la lista que has hecho y nota el tono de voz que adoptas cuando piensas en el dinero.

¿Tu tono es optimista y esperanzador? ¿O es temeroso y despreciativo? ¿Refleja tu voz interior una mentalidad de crecimiento o una mentalidad fija en lo que respecta al dinero? ¿Tienes abundancia mental o vives en la escasez?

Cuando les pido a mis estudiantes que realicen este ejercicio, con frecuencia descubro que su diálogo interior de dinero tiende a ser fijo en lugar de orientado al crecimiento. Como aprendiste en "La mentalidad magnética" (revisa el capítulo 11), la mentalidad influye mucho en nuestra realidad. Al afirmar de manera constante que tus circunstancias actuales son fijas, limitas el potencial de cambio.

Paso 3. Reformula con mentalidad de crecimiento

Revisa lo que escribiste, selecciona las tres afirmaciones que más poder te quitan y reformúlalas con una voz de mentalidad de crecimiento. Conecta con tu elevador y reflexiona cómo replantearía las creencias fijas. Por ejemplo:

- "Nunca podría ganarme la vida haciendo lo que amo" se convierte en: "Estoy abierto a experimentar una realidad en la que la abundancia proviene de hacer lo que amo."
- "Eso es demasiado caro" se convierte en: "No le veo el valor en este momento".
- "Nunca tendré una casa así" se convierte en: "Estoy comprometida a crear una realidad en la que puedo tener lo que deseo".

Paso 4. Sustituye las viejas creencias por otras nuevas

Incorpora esa práctica a tu rutina diaria y utiliza al "observador" como tu perro guardián para vigilar tu voz interior. Transforma tus viejas afirmaciones de mentalidad fija sobre el dinero en afirmaciones de mentalidad de crecimiento abundante inspiradas por tu elevador. Cada vez que te sorprendas cayendo en la vieja mentalidad de escasez, haz que tu perro guardián interior destroce esa creencia y la sustituya por una nueva. (Con frecuencia, visualizo a mi perro guardián arrancando y destrozando viejas creencias cada vez que surgen.)

La meditación te beneficiará muchísimo con herramientas como esta. A través de la meditación, fortalecerás tu capacidad para dirigir tu conciencia y recuperar el control sobre el flujo de energía dentro de tu mente, momento a momento. Recuerda siempre que tu situación financiera actual es como tu identidad; no es fija, sino que evoluciona de manera constante a medida que tú evolucionas. Quizá te encuentres en la ruina, luchando por llegar a fin de mes, pero si instalas nuevos programas elevados en tu mente y tomas medidas alineadas, podrías encontrarte en una biografía diferente por completo en cuestión de meses.

En última instancia, tú estás a cargo y eres responsable de las creencias que tienes y mantienes sobre el dinero. Nadie más que tú puede cambiarlas. Conviértete en el observador de tu programación subconsciente notando tus pensamientos y emociones. Cuando la conciencia se concentra en una creencia fija que te quita poder, usa el perro guardián interior para rechazar esa creencia y reemplazarla con una mentalidad de crecimiento elevado para reescribir tu programación pasada... para que puedas recibir la abundancia que el universo tiene reservada para ti. No atraes lo que deseas, magnetizas lo que coincide con la vibración de quien eres.

Recordatorios magnéticos

- El dinero no es intrínsecamente bueno o malo; es un recurso neutral. Como persona de buen corazón, puedes elegir hacer grandes cosas con él.
- El dinero llega en diferentes formas.
- Para liberar emociones de escasez y miedo en torno al dinero, las prácticas somáticas como EFT pueden ser profundamente curativas.
- Tu situación financiera no es fija; evolucionará a medida que tú evoluciones.
- Identificar y reescribir tus creencias limitantes en torno al dinero y la riqueza te abrirá a la abundancia que el universo tiene reservada para ti.

26. Cómo atraer la salud

Cuando te sientes mal y tu abuela te recomienda un remedio casero desconocido, ¿alguna vez notaste que el remedio hizo que te sintieras mejor como por arte de magia? Si te preguntas qué efecto tiene la mente en tu salud y bienestar, no busques más y descubre el poder del efecto placebo.

En múltiples ocasiones, la investigación ha demostrado que la creencia de un paciente en un tratamiento, incluso si es un placebo (una píldora de azúcar sin ingredientes activos), tiene un impacto positivo significativo en sus síntomas y salud en general.[17] Eso se ha documentado en toda una serie de enfermedades y demuestra que lo que creemos y lo que esperamos puede repercutir en nuestra salud y bienestar.

Tu mente magnética tiene una capacidad increíble para crear una realidad que refleje tus creencias más profundas. Eso no solo aplica para los resultados positivos, también para los negativos a través de lo que se conoce como "efecto nocebo". El "efecto nocebo" es lo mismo que el "efecto placebo", pero en sentido contrario: en lugar de manifestar efectos positivos, una persona amplifica los posibles efectos negativos. Por ejemplo, leer los efectos secundarios de un tratamiento y esperar que se produzcan aumenta las probabilidades de que ocurran.

La salud es la forma definitiva de riqueza, por lo que cultivar una mente fuerte, resiliente y optimista, orientada hacia una salud óptima, es el secreto para crear el tipo de riqueza que el dinero no puede comprar.

Tu identidad más sana

Un error común que comete la gente con respecto a su salud y bienestar es pensar que estos surgirán tras un reto de seis semanas o un campamento de entrenamiento físico de una semana. Aunque esas experiencias temporales pueden catalizar el inicio de una vida más saludable, crear la versión más sana y magnética de uno mismo requiere cambios duraderos de identidad y estilo de vida.

La salud no es un destino; es un estado en constante evolución que refleja cómo vivimos nuestras vidas, momento a momento. La clave de una salud vibrante reside en el estilo de vida, que refleja tu identidad. Comprendiendo eso, puedes convertirte en tu yo más sano alineándote con tu identidad más sana y personificándola.

Cómo crear tu identidad más sana

Paso 1. Identifica el objetivo

"Sin portería es difícil anotar." Eso es válido para todos los ámbitos de la vida, incluida la salud. "Salud" es una palabra que oímos con frecuencia, desde que éramos jóvenes, y tiene muchos significados diferentes (algunos poco beneficiosos). Por ejemplo, estar expuestos a una cultura de dieta tóxica puede llevar a las mujeres a definir la "salud" como tener una "cintura de avispa", mientras que, para los hombres, la salud puede significar tener el aspecto de una musculosa figura de acción.

Cuando utilices tu mente magnética para atraer la "salud", es fundamental que visualices y decidas qué aspecto tiene para ti la salud y cómo te sientes, ya que la salud tiene muchas formas, tamaños y prioridades.

- ¿Qué aspecto tiene para ti la salud?
- ¿Cómo sabrás que has alcanzado la versión más saludable de ti?
- ¿Qué parámetros definen la salud para ti? *(Consejo: esos parámetros van más allá de los números. Piensa en cómo te sientes y qué te permite hacer la salud, y utilízalo para redefinir tu métrica al margen del contexto y las normas sociales.)*

Paso 2. Crea una identidad sana elevada

Una vez que hayas definido tus objetivos de salud, es hora de ampliarlos y ver el panorama general. Imagina una versión de ti vibrante, sana, en forma, equilibrada y fuerte.

- ¿Cómo serían el estilo de vida, los hábitos, las rutinas y los rituales de esa versión elevada de ti?
- ¿En qué se diferencian los hábitos, rutinas y elecciones de estilo de vida de la versión actual de ti?
- ¿A qué hora despiertas? ¿Qué desayunas? ¿Cuáles son las dos cosas no negociables a las que acudes cada día?

CONSEJO: *crea una película de visualización de tu yo más saludable. Haz que sea única, de acuerdo a tus propias metas y parámetros personales.*

Utilizando el poder del autoconcepto, puedes actualizar tus mapas internos e imprimir en tu mente magnética una visión de la versión más sana de ti, pintando una imagen clara de cómo se ve y se siente tu yo más sano.

En el reino cuántico de la posibilidad:

- Hay una versión de ti que se levanta a las cinco de la mañana cada día.

- Hay una versión de ti que se inscribió al club local de atletismo.
- Hay una versión de ti que medita todos los días sin falta.
- Hay una versión de ti que hace las cosas difíciles sin quejarse ni pensarlo dos veces.
- Hay una versión de ti que camina durante su hora de almuerzo en vez de navegar por las redes sociales.

Todas estas versiones de ti existen... y está en tu poder convertirte en quien decidas ser.

Paso 3. Haz un cambio basado en la identidad

Si la versión más sana de ti medita todos los días, entonces no te limites a "intentar" meditar. Conviértete en un meditador. Asiste cada día a la práctica, crea un espacio de meditación en tu casa, busca un profesor o descarga una aplicación de meditación y adopta de forma plena la identidad de un meditador.

Si la versión más sana y magnética de ti asiste a un grupo de corredores todos los domingos por la mañana, entonces cambia las bebidas de madrugada en la discoteca por una tranquila noche de sábado en casa, dándote el regalo de comenzar el día con energía.

Paso 4. Alinea tu comunidad

Uno se convierte en el reflejo de las personas con las que pasa más tiempo. Una de las formas más sencillas de alcanzar tus objetivos de salud es rodearte de personas que adopten el mismo estilo de vida que deseas adoptar.

Si tu objetivo es madrugar, rodéate de madrugadores. Si tu yo elevado del futuro levanta pesas, encuentra amigos que lo hagan y pronto tú también lo harás. La comunidad es contagiosa (de forma positiva y negativa), así que sé consciente de cómo te influyen las elecciones comunitarias.

Paso 5. Elige con conciencia

Convertirte en la identidad de tu yo más sano requiere elegir de manera consciente y constante personificar esa versión de ti en cada momento. Todo cambio empieza con una sola elección... y es tan sencillo como eso. La suma de esas pequeñas elecciones conduce a una mayor salud, riqueza y felicidad. No necesitas esperar hasta el 1º de enero para empezar a mostrarte como la versión de ti en tu tablero de visión, y tampoco deberías. Esa forma de pensar no es para gente como tú.

¿Por qué esperarías a convertirte en la versión de ti que deseas ser, cuando sabes que la vida solo ocurre en el momento presente? No esperes; actúa ahora, empieza hoy y elige de manera consciente mostrarte como la mejor versión de ti.

Recuerda que el trabajo siempre se hace en el "ahora".

Practica la gratitud por tu salud

La mayoría de la gente renunciaría a todo su dinero por su salud. Eso se debe a que cuando estamos sanos, anhelamos muchas cosas; pero cuando enfermamos, lo único que deseamos es salud.

Esto es porque la salud es la forma más auténtica de riqueza.

Tu filtro magnético es una poderosa herramienta que te ayuda a centrarte y ver lo que consideras importante. Si deseas gozar de la mejor salud a partir de ahora, practica el agradecimiento por tu salud todos los días y, como resultado, tu mente magnética trabajará para ayudarte a construir una vida más sana y feliz. Pon la salud en lo más alto de tu lista de prioridades porque, sin salud, ninguna riqueza del mundo te hará feliz.

Nunca te centres en la pérdida

¿Alguna vez intentaste perder unos kilos y adelgazar, pero descubriste que cuanto más lo intentabas, más difícil resultaba? ¿O has experimentado una pérdida de peso solo para ver que los kilos volvieron casi de inmediato? La respuesta a las luchas por perder peso puede estar en el lenguaje que utilizas dentro de la mente magnética.

Aunque no estoy sugiriendo que debas perder peso para estar sano, para algunos forma parte del viaje hacia la salud. Pero cuando se trata de perder peso, con frecuencia tu mente sabotea de manera inconsciente tus esfuerzos.

Piénsalo: ¿en qué momento de la vida experimentas la pérdida como algo positivo?

Perder dinero, a mamá, a papá, a un amigo, la cartera o una apuesta suelen ser experiencias negativas. Es complejo encontrar ejemplos positivos en los que la pérdida sea beneficiosa. Por eso nuestro subconsciente tiende a asociar la pérdida y el perder con experiencias no deseadas que hay que evitar. Como ya aprendiste, tus palabras no carecen de sentido, sino que están llenas de significado; el lenguaje que utilizas tiene poder. Por eso, muchas veces, fijarse en la "pérdida" de peso parece una batalla cuesta arriba.

Si alguna vez te propones perder peso, pon atención al lenguaje que utilizas. En lugar de plantearlo como una "pérdida" de peso, céntrate en lo que vas a ganar. Por ejemplo, aumentar tus niveles de energía, fortalecer los músculos, mejorar la salud general, tu luminosidad y vitalidad o (mi objetivo favorito que tanto gusta a la mente subconsciente) aumentar tu esperanza de vida. Recuerda que la función principal del subconsciente es garantizar tu supervivencia. Si te centras en los beneficios de la pérdida de peso, en lugar de en la pérdida en sí, conseguirás que tu subconsciente se ponga de tu parte para lograr el objetivo.

Pregunta magnética: ¿qué puedo ganar convirtiéndome en la versión más sana de mí?

Optar por la sobriedad y ganar claridad

En 2022, decidí hacer un experimento de sobriedad de un año. A pesar de no haber tenido nunca problemas con el consumo de alcohol, en el fondo me sentía obligada a explorar una versión de mí 100 por ciento libre de alcohol.

Cuando dejé el alcohol por primera vez, me centré mucho en la idea de que me perdería las celebraciones con amigos y ya no disfrutaría las grandes noches de fiesta. Me centraba en la pérdida percibida, lo que me tentaba a volver a los viejos hábitos.

Pero cuando cambié mi forma de pensar para centrarme en la claridad, la productividad y la sensación general de alineación que ganaba al no beber, de inmediato me encontré más motivada para seguir adelante. Cuando te centras en los beneficios positivos de hacer cambios en tu vida, incluso los que requieren sacrificio, el subconsciente te ayudará a conseguir tus objetivos.

Vuelve a lo fundamental

La construcción de una casa empieza por unos cimientos fuertes. Puedes hacer todos los rituales de manifestación que quieras, pero si tu cuerpo está en modo lucha o huida mientras intentas sobrevivir con seis horas de sueño y café negro de desaguno en el estómago vacío, es poco probable que llegues muy lejos con tus esfuerzos por atraer tus deseos. Cuando el cuerpo humano está agotado, operando en modo supervivencia, tu vibración se reduce de manera significativa.

Lo básico es superimportante. Todos hemos oído hablar de la importancia de dormir ocho horas, seguir una dieta sana, beber ocho vasos de agua al día y practicar el movimiento y la atención plena. Aunque suene muy sencillo, es cierto; esas cosas sientan las bases no solo para sobrevivir, sino para prosperar de verdad.

Eso también se aplica a la importancia de hacer el trabajo de sanación antes de sumergirse en el trabajo de construcción. Si eres nuevo en el mundo de la manifestación y el desarrollo personal, empieza paso a paso. Trabaja a través de los patrones que te mantienen en la escasez y la supervivencia, para que puedas construir tus metas y visión sobre bases sólidas.

Soltar viejas identidades

A lo largo de mis años de enseñanza y tutoría, he observado que muchos estudiantes se vuelven adictos a la identidad creada por sus enfermedades o retos pasados.

Mi radar para lo que llamo "adicción a la identidad que te quita poder" es fuerte, porque es un reto al que yo también me enfrenté una vez en mi viaje de sanación. Ser percibido como enfermo o problemático tiene sus ventajas, ya que atraes más atención, amor y cuidados de quienes te rodean.

Pero si te aferras a una vieja identidad y sigues viéndote como alguien enfermo, roto o destruido mentalmente, incluso cuando has hecho progresos hacia tu sanación, perpetúas una vieja historia que te impide avanzar.

¿Qué recompensa secreta te mantiene atascado?

Una pregunta poderosa que debes hacerte es: *¿Cómo me beneficio de no estar sano, de hacerme la víctima o mantener* *hábitos poco saludables? ¿Qué beneficios inconscientes obtengo por no personificar la versión más sana de mí?*

Por ejemplo, durante años me dije que no tenía tiempo para hacer estiramientos o yoga por la mañana, a pesar de saber que esas dos actividades me ayudarían a equilibrar el sistema nervioso y fortalecer la espalda. En secreto, no quería renunciar a ver la tele en la cama la noche anterior.

- La identidad más sana: se levanta a las 7 de la mañana para ir al gimnasio antes de trabajar.
  La identidad actual: duerme hasta las 8 de la mañana, va corriendo al trabajo y toma un desayuno rápido que no es equilibrado ni saludable.
  Recompensa de la identidad actual: sentirse cómodo durmiendo hasta tarde, no tener que preparar comida nutritiva y poder quedarse despierto una hora más para ver la televisión por la noche.
- La identidad más sana: es capaz de ser independiente en una relación romántica.
  La identidad actual: depende de la pareja para cada decisión, refuerza la impotencia haciéndose la débil y la víctima.
  Recompensa de la identidad actual: sentirse seguro porque la pareja siempre está ahí para hacerse cargo, tener menos exigencia de pensamiento independiente y responsabilidad y sentir más comodidad por la pereza permitida.
- La identidad más sana: tiene un estilo de vida sobrio.
  La identidad actual: bebe casi todas las noches y sale de fiesta hasta tarde los fines de semana.
  Recompensa de la identidad actual: utilizar el alcohol como una forma de adormecer y suprimir conflictos profundos para no tener que enfrentarse o sentir los problemas que suceden en la vida.

Las recompensas emocionales de los rasgos que te quitan poder son engañosas y, con frecuencia, están ocultas a plena vista. Se necesita autoconciencia, humildad y valentía para reconocer esos hábitos poco deseables y las formas en que aceptamos nuestro comportamiento. Pero, como en todo, los grandes cambios empiezan fuera de la zona de confort. Ahora te toca a ti...

Utilizar el placer y el dolor

Una forma de salir de una adicción a la identidad que te quita poder es utilizar el placer y el dolor como motivación para que tu mente magnética cambie. Por ejemplo, si te apuntas al maratón de la empresa, tendrás que empezar a ejercitarte para no pasar vergüenza delante de tu jefe y los compañeros.

También puedes crear placer asociado al logro de tu nueva identidad, lo que podría consistir en aumentar tu presupuesto para ropa nueva si te comprometes a ir al gimnasio, o invertir en la suscripción a un gimnasio para que ejercitar se convierta en una experiencia más placentera.

Otro ejemplo podría ser compartir de forma pública, en redes sociales y con familiares y amigos, que estás participando en "enero seco" para obtener apoyo y responsabilidad para mantener la sobriedad. La responsabilidad pública ejerce una presión positiva que te ayuda a mantener el compromiso.

La mente humana está programada de manera biológica para moverse hacia el placer y alejarse del dolor. Cuando utilizas esa comprensión en la búsqueda de tus objetivos, puedes alcanzarlos más rápido y con menos resistencia porque estás trabajando con tu programación subconsciente evolutiva.

Mírate a ti mismo como alguien completo, perfecto y en armonía total

¿Alguna vez has notado cómo tu mente y cuerpo saben exactamente cómo curarse a la perfección, sin que hagas nada de forma consciente?

Por ejemplo, observa cómo se cura una cortada o cómo se hincha y desvanece un hematoma. El cuerpo es inteligente y, en la mayoría de los casos, tiene la capacidad de curarse por sí solo y volver a alinearse.

Si alguna vez te encuentras mal, puedes ayudar a tu subconsciente con la práctica de la visualización. Para ello, cierra los ojos e imagina tu cuerpo completo y perfecto, con todo en armonía y equilibrio. Mientras practicas ver tu cuerpo con claridad en el ojo de tu mente, repite esta poderosa afirmación: *Estoy completo, soy perfecto, mi cuerpo está en armonía y soy feliz.*

Recuerda que aquello en lo que te concentras se expande, así que amplía tu visión de la salud, el equilibrio y la plenitud dentro de tu mente, y afírmatelo todos los días. Mírate como un ser completo, fuerte, poderoso, amoroso y armonioso en el ojo de tu mente, mientras sientes felicidad en el corazón y confías en que el cuerpo sabe qué hacer.

Haz menos, sé más

Por si lo has olvidado, eres un ser humano, no un hacedor humano. Sé demasiado bien que es fácil caer en la trampa de sentir de manera constante la necesidad de mejorar, moverse y actuar. Ese pulso constante de "necesitar hacer algo" provoca el efecto contrario: causa agotamiento al mantener tu sistema nervioso en alerta máxima permanente.

No viniste aquí como una máquina diseñada para no detenerse nunca. Creciste aquí, lo que significa que eres parte de la naturaleza, una manifestación natural y perfecta de la energía del origen. Sabiendo eso, siempre que estoy en una rueda de molino perpetua de hacer, me gusta tomarme un tiempo y sumergirme de nuevo en la sabiduría de la madre naturaleza.

Al igual que la naturaleza, tu vida pasará por diferentes estaciones. Reconectar con el ritmo de la naturaleza y observar la sabiduría de las estaciones cambiantes es un poderoso recordatorio de que nosotros también tenemos esas estaciones... y nuestra vida también fluye a través de ciclos de verano, primavera, otoño e invierno. Hay un momento para todo. Un tiempo para plantar nuevas semillas, un tiempo para descansar, un tiempo para cosechar lo que hemos cultivado y un tiempo para dejar ir.

Igual que un agricultor no puede esperar una buena cosecha en invierno, tú no puedes esperar siempre crecimiento en tu vida. Con frecuencia, hacer menos es el portal para conseguir más. Tu mente y cuerpo saben qué hacer cuando creas espacio, te rindes y confías en la inteligencia del cuerpo.

Preguntas magnéticas

- ¿Cuándo fue la última vez que te permitiste estar en la naturaleza?
- ¿Cuándo fue la última vez que pasaste tiempo a solas con los pies en la tierra, sin teléfono, libros, pódcasts y sin otro objetivo que *estar*?
- ¿Cuándo fue la última vez que te permitiste descansar y relajarte sin distracciones para que tu cuerpo y mente pudieran rejuvenecer y recargarse?

Si hace tiempo que no sucede, es tu señal para detener el "hacer" y practicar más el "ser".

Recordatorios magnéticos

- La salud es la base de la verdadera riqueza, por lo que alimentar una mentalidad resistente alineada con una salud óptima es clave para crear la riqueza que el dinero no puede comprar.
- Te conviertes en tu yo más sano identificando, alineándote y personificando tu identidad más sana.
- Transformar tu salud implica identificar y liberar las consecuencias emocionales ocultas de los hábitos poco saludables.
- Puedes hacer grandes progresos en tu salud cuando dejas de pensar en lo que puedes perder y te centras en lo que puedes ganar.

El final

Con frecuencia me pregunto qué se sentirá llegar al final de la vida. En esos últimos momentos en la Tierra, ya no hay excusas para los sueños que nunca perseguiste ni razones racionales para justificar los riesgos que nunca corriste. En su lugar, esas excusas se convierten en lo que entendemos como los arrepentimientos de los moribundos: los "qué habría pasado si..." del potencial no realizado de una mente magnética.

Es un poco irónico, en realidad, reflexionar sobre esos pensamientos mientras estoy aquí sentada en Berlín, escribiendo para ti el capítulo final de mi primer libro. Pronto, estas palabras dejarán de ser editables y leerás mis pensamientos tal cual, en letra inalterable.

La verdad es que, al igual que pensar en la muerte, la idea de poner fin a este viaje de escritura, un viaje que amé de manera profunda, me aterroriza. Es un recordatorio agridulce de que todos los viajes de la experiencia humana, por hermosos que sean, llegan a su fin.

La mayoría de la gente no dedica mucho tiempo a contemplar el capítulo final de la vida. Y lo entiendo. A nadie le gusta pensar en el final. Pero creo que el hecho mismo de que haya un final para todos hace que esta vida humana sea tan preciosa, tan digna de ser saboreada.

Aunque no sé qué pasará cuando se cierre este capítulo de la vida, sí sé esto: solo tienes una oportunidad de ser tú mismo. Esta es tu única oportunidad en la vida de ser esta persona, con este cuerpo, en este hermoso planeta, en este preciso momento. Esta es.

Lo que estás viviendo ahora no es un ensayo general ni un primer borrador: es tu manuscrito publicado, tu historia única. Con cada decisión que tomas, aumentas el número limitado de palabras que se te ha concedido. Creo que el don de la vida conlleva la responsabilidad de vivirla con plenitud, de exprimir hasta la última gota, de saborearla y de experimentar todo lo que significa ser humano.

Al fin y al cabo, no todo el mundo consigue lo que desea, pero tú no eres como todo el mundo. Con este libro, ahora tienes los secretos de la mente subconsciente.

Espero que te des cuenta de que no encontraste este libro por casualidad, igual que tus sueños no están en tu corazón ni en tu mente por error. Este material te encontró porque estás destinado a algo grande.

Dentro del campo cuántico, existe una versión elevada y futura de ti: una que goza de salud abundante, es rica, está enamorada con locura y es verdaderamente feliz. Esa versión de ti personifica todo lo que siempre has deseado y más. Y está en tu poder convertirte en esa persona. Al recodificar tu mente subconsciente para alinearla con tus deseos conscientes, empezarás a resonar sin esfuerzo con la frecuencia del futuro con el que no puedes dejar de soñar. Todo lo que deseas está a tu alcance. Así que, la última pregunta que tengo para ti es la siguiente: ¿cuándo vas a alcanzarlo?

Terminar este libro es un primer paso asombroso, pero tu siguiente paso es personificar la sabiduría que ahora has descargado.

Nada cambia si nada cambia. Permítete soñar a lo grande y ser delirante. Al fin y al cabo, todos los grandes fueron un poco delulu. Nunca olvides que tú creas tu propia realidad. Ahora ve y haz algo de magia.

Con amor,
—Rochelle Fox

Agradecimientos

Escribí este libro subida en hombros de gigantes: lo que sé se lo debo al universo y a quienes me precedieron, que escribieron, compartieron y se atrevieron a mostrar su trabajo al mundo. No sería quien soy hoy sin los maestros que han tocado mi corazón, los libros que han iluminado mi mente o la ciencia que me ha dejado perpleja de curiosidad.

A Jessica, mi agente literaria: gracias por apoyarme y ser una entrenadora increíble. Brindo por muchos más libros juntas en el futuro.

A mi editora, Karolina, ¡creo en la magia gracias a ti! Gracias por brindarle un hogar a *Tu potencial magnético* y ayudarlo a convertirse en todo lo que estaba destinada a ser.

Al equipo extendido de mi agencia literaria, BKS en Londres, y a los editores de Michael Joseph Penguin y más allá: hacer un libro requiere de un pueblo. Estoy más que agradecida de ser parte de su pueblo.

A mis padres, Donald y Sandra, y a mi madrastra, Sue, los valoro y los quiero. Gracias por su papel en llevarme a donde estoy hoy. No cambiaría nada porque todo me ha traído hasta aquí, y donde estoy ahora mismo es un lugar muy hermoso para estar.

Un agradecimiento especial a mi padre: eres todo para mí. Por si no te lo he dicho, sí, tenías razón en muchas cosas. Gracias por todas las lecciones.

A mi ángel de la guarda y a mi abuela, mi imaginación es tan vívida gracias a ustedes. Tu ceguera me inspiró a creer en el mundo de los "y si...", un lugar donde no necesitamos ojos para ver. Cuando lea el audiolibro, lo leeré como si te lo leyera a ti; te extraño mucho.

Para mis estudiantes, pasados, presentes y futuros, yo soy ustedes y ustedes son yo; somos uno. Gracias por enseñarme tanto y por confiar en Mindspo y en mí en su viaje. Me encanta ayudarles a través de los pódcasts, la escritura, la oratoria, la meditación y la creación. Ojalá podamos seguir difundiendo el amor y nutriendo esta hermosa comunidad consciente que hemos construido.

Un agradecimiento especial a Inês, que se ha convertido en mi compañera creativa durante más de siete años. Inês, eres el pincel de mi imaginación y una artista y amiga fantástica. Tu lealtad y apoyo significan mucho para mí. Espero que sepas lo querido, apreciado e impactante que es tu trabajo y a cuántas personas ayudas con solo ser tú.

Para Anneloes, no lo sabes, pero trabajar contigo en este manuscrito me ayudó a sanar a mi niña interior y a los bloqueos y miedos subconscientes del pasado relacionados con mis habilidades de escritura. Gracias por ser tan comprensiva, amable, inteligente y atenta a los pequeños detalles y a la investigación que hicieron posible este libro. Eres una mente maestra y tienes un doctorado en la mente magnética.

A todos los miembros de mi equipo de Mindspo en general (ustedes saben quiénes son y qué hacen), les estoy muy agradecida.

A Julian, gracias por hablarle a Soll sobre la meditación; esa sugerencia me salvó la vida.

A mi amante y mejor amigo, Soll, gracias por ser un proveedor. Un proveedor de seguridad, apoyo, pasión, paciencia y amor para mí, no solo para que tuviera el espacio necesario para escribir este libro, sino también para que creciera como persona durante los últimos 13 años. Elegiste quedarte conmigo cuando estaba en lo más profundo de mi oscuridad, y sigo eligiéndote en la luz que hemos creado juntos.

Por último, a Dios, al universo, a lo divino, a la voz que me habla sin palabras.

Gracias por las constantes descargas.

Prometo seguir escuchando y siguiendo tu guía para poder servirte.

Referencias

1 Gardiner Morse, "Hidden Minds", *Harvard Business Review,* junio de 2002.

2 Marzola, P. et al. 2023. "Exploring the Role of Neuroplasticity in Development, Aging, and Neurodegeneration". *Brain Sciences,* 13 (12): 1610.

3 Lipton, B. H. 2005. *The Biology of Belief: Unleashing the Power of Consciousness*, Matter & Miracles. Carlsbad, CA: Hay House, Inc. https://pakmag.com.au/why-the-first-seven-years-matter/ (Acceso en agosto de 2024). Este libro lo puedes encontrar en español como *La biología de la creencia,* Gaia Ediciones.

4 Charles Duhigg en su libro *El poder de los hábitos.*

5 Kiran, C y Chaudhury, S. 2009. "Understanding Delusions". *Industrial Psychiatry Journal,* 18 (1), 3-18.

6 Stapleton, P. (2019). "The Science Behind Tapping: A Proven Stress Management Technique for the Mind and Body." Hay House, Inc. https://pubmed.ncbi.nlm.nih-gov/33854554/

7 Clond, M. 2016. "Emotional Freedom Techniques for Anxiety: A Systematic Review With Meta-analysis". *Journal of Nervous and Mental Disease*, 204 (5), 388-95.

8 Sebastian, B. y Nelms, J. 2017. "The Effectiveness of Emotional Freedom Techniques in the Treatment of Posttraumatic Stress Disorder: A Meta-Analysis". *Explore* (New York, NY), 13 (1), 16-25; Church, D. et al. 2018. "Is Tapping on Acupuncture Points an Active Ingredient

in Emotional Freedom Techniques? A Systematic Review and Meta-analysis of Comparative Studies". *Journal of Nervous and Mental Disease*, 206 (10), 783-93; Mehdipour, A. et al. 2021. "The effectiveness of emotional freedom techniques (EFT) on depression of postmenopausal women: a randomized controlled trial". *Journal of Complementary and Integrative Medicine*, 19 (3), 737-42.

9 Kamins, M. L. y Dweck, C. S. 1999. "Person versus process praise and criticism: implications for contingent self-worth and coping". *Development Psychology*, 35(3):835-47.

10 Alison Ledgerwood, "Getting stuck in the negatives (and how to get unstuck)". YouTube, Tedx Talks, subido el 22 de junio de 2013.

11 Sayers, W. M. y Sayette, M. A. 2013. "Suppression on your own terms: internally generated displays of craving suppression predict rebound effects". *Psychological Science,* 24 (9), 1740-6.

12 Stets, J. E. 2006. "Emotions and Sentiments". En J. Delamater, (ed) *Handbook of Social Psychology*. Boston, MA: Springer, 309-35.

13 https://www.heartmath.org/research/science-of-the-heart/energetic-communication

14 https://www.heartmath.org/research/research-library/

15 Gottlieb, M. A. y Pfeiffer, R. 2013. "Conservación de la energía." Instituto de Tecnología de California.

16 Christine Comaford, "'Got Inner Peace? 5 Ways To Get It NOW", *Forbes*, 7 de noviembre de 2013.

17 Charlesworth, J. E. G. *et al.* 2017. "Effects of placebos without deception compared with no treatment: A systematic review and meta-analysis". *Journal of Evidence-Based Medicine,* 10 (2), 97-107.